차이나
라이프

POWERED BY CHINA LIFE

차이나 라이프
Powered By China Life

초판 1쇄 발행 2024년 2월 15일

지은이 박진호
펴낸이 장길수
펴낸곳 지식과감성#
출판등록 제2012-000081호

디자인 및 편집 지식과감성#
마케팅 김윤길, 정은혜

주소 서울시 금천구 벚꽃로298 대륭포스트타워6차 1212호
전화 070-4651-3730~4
팩스 070-4325-7006
이메일 ksbookup@naver.com
홈페이지 www.knsbookup.com

ISBN 979-11-392-1666-0(04190)
ISBN 979-11-392-1665-3(세트)
값 15,500원

- 이 책의 판권은 지은이에게 있습니다.
- 이 책 내용의 전부 또는 일부를 재사용하려면 반드시 지은이의 서면 동의를 받아야 합니다.
- 잘못된 책은 구입하신 곳에서 바꾸어 드립니다.

지식과감성#
홈페이지 바로가기

제 2시리즈

차이나 라이프

POWERED BY CHINA LIFE

박진호 지음

해외에서 주재원으로 8년간의 생활을 해 보니
마케팅은 생활과 삶 그 자체이다.
그 지역과 문화를 이해해야 그 지역에서 마케팅을 할 수 있다.

지식감성

인생은 항상 선택의 순간이 있다.
크고 작은 수많은 선택의 갈림길 중에서 어떤 선택이 최선의 선택인지는 누구도 알 수 없다. 선택의 갈림길에서 선택을 하지 않은 쪽이 더 나을 수도 있었다는 것을 굳이 알고 싶지 않은 것도 있다.

자신의 선택이 그 당시에는 최선의 선택이었음을 믿고 사는 것은 인생에 있어서 부정적이기보다는 차라리 긍정적인 요소임은 틀림없는 것 같다.
그런 선택의 결과로 살아 본 경험의 산물이다.

하지만, 왜 당시 그 선택을 했어야 했고 포기한 나머지 것은 무엇 때문에 선택을 하지 않았는지 한 번은 생각해 볼 필요가 있다.

인생에서 반복되는 선택의 순간에 혹여 같은 실패를 반복하지 않기 위해서이다.
현재 자신의 모습은 어쩌면 본인이 수많은 선택지에서 골라 온 선택들이 모여 지금 현재의 모습을 만든 것이리라.

후회라는 것도 알고 보면 본인이 선택이 잘못되었음을 알게 된 것이니 지나온 선택지가 잘못된 것이 아니다. 그저 다른 선택을 한 것일 뿐…
사람들은 같은 선택지에서 서로 다른 선택으로 현재의 만족한 모습으로 생활을 하고 있을 수도 있다.

만족이라는 것도 본인의 현재 모습에 행복을 느끼는 것이니 지나온 크고 작은 선택이 나름 잘된 선택이라고 여기는 것이다.

아닐 수도 있겠지만 대개의 경우는 잘한 선택이라고 생각하는 것이다.
이런 것이 긍정적인 삶이 아닐까…

후회와 만족이 알고 보면 큰 차이도 아닌 게다.
가급적이면 긍정적인 마인드로 사는 것이 앞으로도 남아 있는 많은 선택을 즐기며 살 수 있는 원동력이 되지 않을까 싶다.
하지만 이런 모든 선택과 그로 인한 결과는 모두 직접 겪어 보고 난 후에 판단할 수 있는 것이다.

잘 모르는 상태에서 막연하게 무언가를 비방하거나 찬양하거나 하면 선택지로서 잘된 선택을 할 수가 없다.

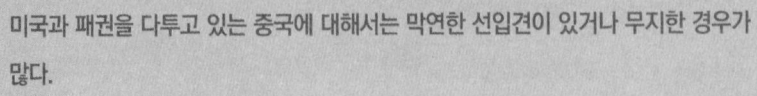

미국과 패권을 다투고 있는 중국에 대해서는 막연한 선입견이 있거나 무지한 경우가 많다.

나 또한 20~30대에는 무지에 의한 막연한 선입견으로 중국을 판단하였다.

이 책에서는 중국에 대한 얘기를 하려고 한다.

지금의 놀랍도록 성장한 중국에 대해 다시 견제 또는 우호적인 관계를 심각하게 고려해야 하는 상황이 왔다.

조선 말기 청일전쟁 이후 다시 130여 년 만에 찾아온 대한민국의 선택 앞에서, 우리의 10~20대들이 중국을 제대로 이해하였으면 하는 목적이 가장 크다.

중국의 주재원만큼은 아니더라도, 대한민국의 장래를 책임져야 하는 미래 지도자들로서 중국에 대해 좀 더 알았으면 한다. 그래서 2천여 년간 우리나라에 영향을 끼쳐 온 가장 근접한 나라가 경쟁국인지 우호국인지를 판단하고 관계 유지 방향성을 선택하는 기준을 스스로 잘 세웠으면 한다.
현재를 살고 있는 우리에게 이 관계를 판단하기에는 아직 이른 때일 수도 있다.

이미 어떤 관계로 결정지어져 진행 중일 수도 있다.

하지만 모든 관계에서 주체적인 입장으로 우위에 있으려면 그 상대방을 잘 알아야 하고 관계의 의도를 파악해야 한다. 그래야 100여 년 전과 같은 일방적으로 강요된 불균형적인 관계를 되풀이하지 않는다.

상대를 잘 알고 관계의 주체적인 입장이 되도록 하자.

들어가는 말

난 '응답하라 1992' 세대이다.

세상 물정 모르는 어린 고등학생이 대학생이 되었다. 하고 싶은 것들을 다 하면서 생각의 깊이와 폭을 넓혀 나가고 조금씩 무언가 알 것 같은 어른으로 성장하는 시기였다. 1995년 12월 소위 마지막 방위라는 보충역 소집해제 상태에서 대학교 2학년 2학기로의 복학을 9개월 앞두고, 시흥에 있는 외삼촌의 주유소에서 석유 배달 아르바이트를 하면서 당시 400만 원가량의 적지 않은 용돈을 모았다. 돈이 있으니 고민이 생겼다. 그 당시 유행이던 펜티엄급 컴퓨터를 사느냐, 1990년 여행 자유화 이후 조금씩 대학가에 바람이 불고 있는 유럽 배낭여행을 가느냐였다. 나름 행복한 고민으로 보일 수 있겠으나 군대를 마치고 이제야 구만 리 앞길을 생각한 복학생에게는 나름 인생의 길을 선택하는 고민이었다. 펜티엄급 PC를 사서 컴퓨터 공부를 하고 장래성이 좋다는 IT 쪽으로 취업하는 것이 고려 대상 중의 하나였기 때문이다. 전공은 인문대학 사학과. 당시는 주변 사람들이 모두 "취업은 하겠냐"는 말들을 많이 하여, 주변 인식들에 의한 고민이 많은 전공일 수밖에 없었다. 더군다나 2학년 1학기 때 지원 가능한 교직 이수 학점에도 미달인 상태였다. 하지만 역사는 내가 좋아하고 하고 싶은 공부이기에 후회는 전혀 없었다. 어렸을 때의 꿈이었던 역사 선생님이 되기 위한 간절함과 노력이 부족하여, 꿈을 접어야 했고, 나는 뒤늦게 후회를 하였다. 이것은 선택을 잘못한 것에 대한 후회보다는 나의 미숙한, 아직 준비가 안 된 행동과 게으름에 대한 후회였다. 19살의 아직 어린 나이에는 자신의 꿈을 이루기 위해 구체적인 것을 미리 준비해야 한다는 것을 미처 몰랐다. 그래서 짧은 군 복무를 마치고 나서 미래를 위해 무언가를 해야 한다는 생각에 몰입해 있었다. 알 수 없는 미래를 위해 무언가 선택을 해야만 했다. 1995년까지만 해도 아직은 대학생들이 배낭여행을 많이 경험해 보지 못한 상태여서, 유럽 배낭여행을 다녀왔다고 하면 과나 동아리에서 선망의 대상이 되곤 하던 시절이었다. 결국 나는 1996년 5월 싱가포르를 경유해서 18시간 만에 가는 런던행 비행기에 탑승하게 되었다. 당시 나는 계속 "그래, 잘한 선택이야…"라고 생각했다. '취업이라는 안정적인 미래를 지금 일찍 선택하기보다는, 아직은 어린 나의 사고를 넓힐 수 있고 여러 나라의 문화를 경험해 볼 수 있는 배낭여행을 하여 내가 스스로 도전하는 미래를 선택하자'라는 이유로 한 선택이자 합리화였다. 현재 베이커리 업계 23년 차 마케터로서 잘한 판단이었다는 생각이 든다. 그 경험이 때로는 상품기획과 프로모션 등에 실제로 도움이 되었기 때문이다. 청년 시절에 겪은 여러 나라의 문화적 경험이 없었다면 한 기업의 마케팅 관리자가 될 수도 없었을 것이고, 포용력과 이해력이 절망적으로 좁은 편협한 인간으로 살고 있지 않았을까. 혹시 모르겠다. 우스갯소리 같지만 그때 펜티엄급 PC를 사서 컴퓨터를 공부하고 IT 업계에 취업했다면, 그 비슷한 시기 1992년 중국 항주의 영어 선생님이었다가 미국의 인터넷을 보고 감명받아 IT 쪽으로 전환하여 꿈을 실현해 나간 알리바바그룹의 마윈과 같은 IT 업계의 거부가 되었을지도 모르겠다. 당연히 노력이 못 미치고 능력도 안 되었겠지만, 당돌한 꿈을 꾸는 것은 지금도 나의 주특기이다. 이 책은 2014년 6월 1일 한국 SPC그룹 파리바게뜨에 1999년에 입사한 이후 마케팅 PM 및 상품기획팀장으로 성장하다가 중국사업본부의 마케팅팀장으로 주재원 발령을 받으면서부터 시작된다. 이전 한국에서의 나는 말 그대로 파리바게뜨에서 판매되는 베이커리 제품·상품을 기획 출시, 관리하는 PM(Product Manager)을 코칭하고 멘토링하는 상품기획팀장이었다. 이전까지는 중국에 대한 관심이나 중국어 스킬은 전무한 상태였다. 해외주재원을 꿈꿨고 호주와 캐나다 법인장 교육을 받은 상태였기에 영어는 필수였고, 당시 베이커리 선진국이라고 할 수 있는 일본을 벤치마킹하는 일은 기본이었기에 약간의 일본어 능력 역시 필요했다. 하지만 중국어는 3개월 정도 학원을 다니다가 어려운 성조 때문에 이 길은 아니라고 생각하고 일찍이 포기한 것이 전부였다. 그래서 중국은 생각해

본 적이 전혀 없었다. 2008년도에 중국에 진출한 싱가포르 브랜드 브래드토크(Breadtalk)를 조사하기 위해 1박 2일로 상해에 출장을 다녀온 것이 전부였다. 당시 상해는 현재의 금융 중심가인 푸동의 일명 '병따개 건물'이라는 IFC를 건축하고 있었고, 팡디엔이라는 고급 주택가에는 지금의 팡디엔 쇼핑몰만 섬처럼 홀로 지어져 있을 뿐 비포장도로 위엔 소달구지가 다니고 있었다. 과연 경제 상황이나 소비수준이 베이커리 빵을 구입해서 먹을 정도가 되는지 의심되었다. 당시 상해는 1인당 GDP가 5천 달러에 도달한 지 얼마 안 되었기에, 지금의 1인당 GDP 3만 달러를 넘어선, 비약적으로 발전한 상해시를 생각하면 정말 믿어지지 않는 과거사이다. 아직 중국 전체 1인당 GDP는 12,551달러 선이니 1선 도시와 2~3선 도시의 차이는 크다. 불과 10년 전이었기에…. 당시 상해에서 베이커리의 경쟁 브랜드는 대만에서 시작된 달달한 대만식 작은 커피집이 빵까지 갖추면서 급성장한 '85도씨'와 싱가포르에서 진출한 '브래드토크(Breadtalk)', 한국의 경쟁 브랜드인 '뚜레쥬르'였다. 나머지는 중국식 과자, 전병 등을 판매하는 과자점이거나 완제빵을 중심으로 판매하는 당시 잘나가는 '크리스틴(克里斯汀)', '징안빵집(靜安面包)' 정도였다. 중국 토종 브랜드로는 1992년에 뤄훙(罗红)이 시작한 하오리라이(好利来)가 사천 지역에서 시작하여 이제 갓 화북 지역에 진출했던 때였고, 1996년부터 황리(黄利)가 시작한 웨이뚜어메이(味多美)는 유럽빵 브랜드를 표방하면서 북경에서 조금씩 매장을 넓히고 있었다. 두 브랜드 모두 글로벌 도시 상해에는 본격적인 진출을 하지 못한 상태였다. 파리바게뜨도 2004년 1호점 상해 구베이점 진출 이후 2008년 당시에는 가맹사업도 시작을 못 했고 직영점으로 100점도 안 되는 작은 규모였기에 이제 본격적인 베이커리 산업이 중국에서 커 나가는 도약기라고 볼 수 있었다. 지금에서야 이런 정보를 요약할 수나 있었지 당시는 정말 중국에 대해서는 무지한 상태였다. 정말 신기한 것이 2008년의 1박 2일 상해 출장이 미래로 이어져 6년 후에 중국의 주재원으로 상해에서 살게 될 줄은…. 사람이 살면서 데자뷔 같은 일도 생기지만 과거를 곱씹는 반복 같은 일도 있는데 혼란스럽고 예측이 안 되는 일들은 정말 많은 것 같다. 이것을 두고 신이 있다고 생각할 수도 있겠다. 운이 좋거나….

　이 책을 쓰는 이유와 목적은 이렇다. 우리의 대한민국 젊은이들이 미래에 큰 영향을 끼칠 수도 있는 지리적으로 가장 가까운 중국을 제대로 이해하고 대한민국과 나란히 동등한 위치로 당당하길 바란다. 국력이 약하거나 과거의 유교적 사고로 스스로 속박 받는 그간의 역사는 되풀이되지 않길 바란다. 과거 2천여 년간은 그러질 못했다. 국력의 차이에 의해서 자주적인 선택을 할 수 있는 상황들이 많지 않았다. 조선 효종의 북벌론과 같은 당당한 자주적인 선택이 유교적 사고로 배척당한 경우도 있었다. 이제는 대한민국도 당당한 선진국의 대열에 나란히 서 있다. 상대를 잘 알아야 같이 설 수 있다. 이런 역사적인 배경을 이해하고 대한민국의 미래를 만들어 가길 바란다. 또한 한 기업의 인원으로서의 비즈니스적인 목적은 이렇다. 모든 기업은 성과, 결과로만 평가하기에 지나간 과정과 선택의 기로에서 포기를 한 사연들과 배경에 대해서는 자세히 알려고 하지 않는다. 비즈니스적으로 성공할 선택만을 위해 각종 조사와 분석을 아끼지 않는다. 선택 후에 실패한 이유에 대해 찾고 복기하여 이후 실패를 발판으로 삼으려 하지만, 선택을 포기한 쪽이 오히려 성공의 가능성에 가깝다고 생각하고 포기한 선택을 다시 보려고 하지는 않는다. 물론 어렸던, 덜 성숙했던 나도 같은 반복을 하였다. 그저 다른 선택을 한 것뿐인데…. 그 선택을 가지고 실패의 이유를 찾고 있으니 원인 분석이 잘 못되고 다시 성공할 수 없는 'No 답'의 상태가 될 수밖에….

이 책은 주재원으로 있었던 기간에 보았던 중국이 발전해 나간 모습과 배경, 일반적으로 중국에서의 생활 모습에 더 비중을 두었다. 중국에 관심이 있어서 사업을 하려고 왔든, 살려고 중국에 왔든 중국에 대한 이해가 충분해야 선택이라는 것에 있어 중요한 판단을 할 수 있지 않을까? 그런 이유로 중국이 어떻게 변화를 하고 있는지 그 방향에 대한 얘기를 현실감 있게, 수필처럼, 지난 시간과 생각의 흐름대로 써 내려가려고 한다. 이를테면, 영화로 치면 감독판이라고 할까.

여러분들이 여러 한국 매체의 채널을 통해 들은 소식이 아닌 중국에서 살고 있는 주재원의 시각으로 본 중국에 대한 모습이라고 보면 되겠다.

또한 앞으로의 한중 관계를 볼 때 모든 비즈니스가 지금보다 더 확대되고 활발해질 것이다. 물론 교류를 중단하고 적대국이 될 수도 있다. 하지만 아직까지는 중국에 진출한 기업들은 현지화되기 위해 많은 조사와 분석을 통해 크고 작은 선택을 할 것이다. 그런 조사와 분석에는 문화적인 이해력이 제일 먼저 바탕이 되어야 한다. 현상과 정보에 대한 해석에 있어 사실 확인과 객관화된 정보는 제일 중요하다.

문화에 대한 이해력이 제로인 상태로, 그 다음을 제대로 이해하지 못하여 미숙한 경험에 의해 주관적인 판단을 내린다면 실패가 예견된, 고집만 센 무지렁이가 되는 것이다. 잘 알아보지 않고 판단하는 것만큼 어리석은 짓은 하지 말자. 패배주의자만의 길일 뿐이다.

한국 언론에서 보도되는 내용들은 중국의 실정이나 방향성을 지레짐작하여 추측성 기사로 과장되게 내보내는 포퓰리즘이 많다. 가령 한국에서는 잘 볼 수 없고 중국 내에서만 볼 수 있는 抖音(Douyin/Tiktok 의 중국 국내판)에 있는 이슈성 내용들을 기자들이 보고 그걸 그대로 이슈성 기사로 내는 경우를 여기서 한심하게 지켜봤다. 14억분의 1의 사실일지도 모를 가십적이고 자극적인 내용으로 "역시 중국이야…", "대륙의 시리즈…"라며 이상한 나라, 덜 성숙한 나라로만 비추고 있는 것이다.

중국은 사회주의 국가로 사회와 인민의 안정적인 통제를 위해 위험하고 선정적인 기사 보도는 하지 않는다. 웨이신, 抖音(Douyin) 등의 SNS상으로 퍼지는 영상이나 무용담 같은 이야기들이 한국 포털뉴스에 기사로 게재되는 것을 보면 좀 한심하기까지 하다. 사실과 논설, 비평으로 된 문장이 많은 중국 기사 중 이슈적인 부분만 골라 과대 포장한다.

한국의 덜 성숙하고 문화 이해력 제로인 일부 기자들이 한국인이 중국인을 제대로 이해하는 것을 방해하고 있는 것이다.

사고와 Soul의 성장은 어른이 되고 나서도 멈추지 않는다. 가끔은 덜 성장한 어른도 있는 것 같긴 하지만 속도의 차이일 뿐…. 대부분은 성장을 지속하면서 결국은 어른이 된다.

한 국가의 정책과 문화, 생활 방식 등을 전달하는 사람의 역할은 정말 중요하다. 그럴 자격이 없으면 기자는 하지 말아야 한다.

선택은 항상 그 당시의 환경과 요소들에 의한 말 그대로 선택일 뿐이다. 후에 이런 선택이 같은 실수를 하는 것을 방지하거나 더 좋은 선택에 도움이 된다면 좋겠다. 중국에서 사업을 하려는 이나 주재원, 더 확장해서는 먹거리 관련 개인 사업을 은퇴 후에 제2의 인생으로 삼으려는 모든 직장인들이 무언가 선택을 하기 전에 이 책을 읽어 보았으면 한다. 23년 차 직장인으로서, 그리고 중국에서의 9년 차 주재원으로서 그 선택의 노하우를 알려 주고 싶다.

전편인 《Inspired by China Life》는 중국 주재원으로 현지에서 생활을 하면서 경험한 것과 영감을 얻은 것들을 토대로 쓴 중국을 이해하기 위한 글이었다.

책이 출판된 시기에 한국에서는 20대 대선을 통해 최초로 정치 경험이 없는 검찰총장 출신의 대통령이 탄생하였다. 또한 북경동계올림픽을 통해 한중 간의 갈등이 양국의 민심에서도 고스란히 드러났다. 반중, 반한 정서의 민심과 함께 새로운 대통령은 한·미·일 동맹 강화와 사드 추가 배치를 공약으로 세우면서 중국 정부와 중국에 살고 있는 한국 교민과 주중 한국 기업들에게 긴장감을 주기도 했다. 미국 바이든 대통령의 방한을 계기로 '안미경중(안보는 미국, 경제는 중국)'이라는 외교 전략이 바뀌는 것을 실감하게 되었다.

한편 중국에서는 외교적으로 러시아의 우크라이나 침공을 두고 유일하게 러시아 입장을 동조하며 사회주의 국가와 민주 진영의 대립 구도와 같은 모습을 만들었다.

중국 내 이슈로는 2022년 초부터 오미크론이 빠르게 확산되면서 봉쇄정책 중심의 방역정책이 지속되었다. 변화가 있을 줄 알았지만 중국 정부는 인민의 생명을 지키기 위해 방역을 강화하라는 명확한 쐐기로 수많은 도시에서 작은 단위의 小区(샤오취/Xiao Qu)를 확진자가 나오지 않을 때까지 완전 봉쇄하였다. 핵산검사를 거의 2일마다 시행하여 확진자를 가려내서 별도 격리장소로 옮겨서 격리하고, 확진자가 나올 시에는 14일 +@라는 강력한 샤오취 단위 봉쇄와 일정 수준의 확진자가 확산 시에는 시 단위 봉쇄까지 함으로써 중국 전역의 생활과 경제를 통제하고 있었다.

공교롭게도 3월 양회 직후부터 중국 경제 수도인 상해가 장기간 봉쇄되었고 그 경제적 손실은 고스란히 중국의 경제 성장 목표에 큰 영향을 미치게 되었다.

2022년 양회에서 정부 업무보고 시 리커창 총리가 제시한 GDP 5.5% 내외는 발표 하자마자 달성이 어려운 상태가 되어 버렸다.

중국 경제 수장이면서 시진핑 주석의 견제적인 역할을 해 왔던 리커창 총리도 임기 10년 차로 마지막 임기년도임을 밝힌 상태이기에 중국의 경제 수장의 후계자도 중국 경제 발전의 향방도 알 수 없는 상태이다.

이런 상황에서도 시진핑 주석의 3년임을 확고하게 할 제20차 당대회도 치루어졌다.

중국에서의 주재원 생활에서도 선택은 계속 있었다.

선택이라는 것이 경험에서 오는 영감과 확신으로 결정된 것이라면 그 선택에 의한 결과물은 오롯이 본인의 의지에 의해 실행되고 그로 인한 파생된 사회 현상들이 주변에 나타난다.

《Powered by China Life》는 선택의 결과로 움직여지는 여러 중국의 최근 현상과 생활에 대해 얘기를 하고 이전의 에피소드와 같이 단편적인 카테고리처럼 각기 주제에 대해 한국인으로서 중국에서 생활을 하면서 느끼는 다른 '현상'들을 공유하려고 한다.

중국은 따통(大同)사회 실현을 위한 성장통을 겪고 있다. 미국과 패권 경쟁을 하면서 미국의 견제와 돌파구를 위해 진행하던 일대일로 정책과 숭안특구, 공동부유 등의 굵직한 정책들이 지지부진한 상태에서 여러 문제점들이 나타났고 승안특구와 공동부유라는 말이 점차 자취를 감추게 되었다. 설상가상으로 사회주의 동반자 국가인 러시아는 우크라이나 침공으로 미국과 우방들의 강력한 경제제재로 고립되고 푸틴은 전범으로 전락하였다. 중국은 패권국인 미국에게 압력을 받으며 러시아를 적극적으로 지원하지도 못하고 내정 문제라고 하는 대만 문제도 해결 방법을 찾지 못하고 있다.

국내 중심의 쌍순환 경제 정책으로 2021년 GDP 6% 이상 성장이라는 목표를 달성은 하였지만 2021년 말과 2022년 초에 벌어지고 있는 국내외 정세로 녹록지 않은 경제 상황으로 중국 정부에게는 상당히 불리한 상황이 지속되고 있다. 이 상황을 극복한다면 패권국에 근접하는 따통사회의 실현을 눈앞에 둘 수 있겠지만 만일 어느 상황 중에 하나가 불리하게 작용된다면 패권 도전에 실패한 국가로 좌초되고 경제적으로 다시 암흑의 시대를 맞이할 수도 있다.

시진핑 시대에 내걸었던 모든 정책들이 결과는 없이 지지부진하고 여러 사회적 부작용이 나타나면서 중국에 정황이 불리한 여러 국제 정세와 함께 현재의 중국 정부는 곤란한 상황에 놓이게 되었다.

단면적으로 경제 방면으로 시가총액 세계 10위권 내에 있던 중국 IT 기업들이 적극적 정부 개입으로 인해 순위권 밖으로 내몰렸다. 국가 주도의 반도체와 생명바이오 분야의 산업들은 막대한 재정적 지원에도 기술력의 격차로 부상하지 못하고 있는 상태이다.

시진핑 주석의 세 번째 연임은 여러 도전을 받고 있는 상태이다. 그렇다고 Post Xi 이후의 떠오르는 다크호스도 없는 상태여서 중국은 그야말로 세계 G2의 반열에 올라서자마자 나락으로 떨어질 수도 있는 위기의 상황에 있는 것이다.

이전에는 중국의 선택적 상황에 초점을 맞추었다면 이번에는 중국의 선택으로 결정되어지고 있는 여러 상황에 대해 초점을 맞추어 보고자 한다.

'Powered by'란 '무엇인가에 의해 작동되다', '움직여지다'라는 사전적인 의미도 있지만 어떤 경험과 사실에 의해 결과물이 나타내어지고 증강이 되는 상태를 얘기하기도 한다.

전편인《Inspired by China life》에서는 중국 생활에서의 처음 겪는 경험과 영감을 받아 느낀 내용들을 써 내려갔다면《Powered by China life》에서는 중국이 선택한 결과로 나타난 현상과 증강된 결과에 대해서 나름의 느낌을 썼다. 한중 30년간 쌓아 온 관계가 향후 어떤 방향으로 관계가 진행될지 모르겠지만 미리 우리에게 영향을 미칠 사항들을 생각해 보고 미래 관계에서 주도적인 입장이 되도록 공감했으면 하는 마음이다.

2천여 년간 한반도에 영향을 주었던, 이사 갈 수 없는 이웃 국가, 중국과의 관계에서 이제 우리가 주도적인 관계의 우위 또는 주체적으로 관계를 우리가 설정할 수 있는 기회가 찾아왔을 수도 있다.

1990년대 베를린 장벽이 무너지고 소련이 해체된 후 평화로웠던 '세계화의 시대'는 국가와 국가, 한 국가와 세계가 같은 흐름을 보이지 않는 '탈동조화(Decoupling)'의 시대로 접어들었다. 신냉전 시대 이후 다시 사상적 이념과 자원을 무기로 한 이해관계로 세계가 갈라지고 자국 중심 주의의 '지역화의 시대'로 변화되고 있다.

이런 시기에 국가와 기업이 알아야 할 것은 변화되고 있는 현상을 파악하고 변화의 흐름에 맞추는 것이다. 국제 정세 변화를 촉진한 팬데믹과 글로벌 공급망의 위기는 백 년 만에 다시 찾아온 대공황 시대에 버금가는 늦추어진 속도의 세계에 직면해 있을 수도 있다.

목차

들어가는 말   8

SITUATION 0 중국의 방역 통제 방식 "동타이칭링(动态清零)"   24

SITUATION 1 중국 소비자 고발 프로그램〈315晚会〉   38

SITUATION 2 중국의 식품 안전 의식   49

SITUATION 3 중국의 자동차 산업   56

SITUATION 4 중국의 문화재 가치 보존과 발전   68

SITUATION 5 중국의 물가(物价) 관리와 통제   78

SITUATION 6 중화민족 부흥의 꿈, 중국몽(中国梦)   85

SITUATION 7 중국의 지식재산권(知识财产权)   99

SITUATION 8 중국의 메타버스(Metaverse)와 NFT   108

SITUATION 9 중국의 이동통신사   121

SITUATION 10 중국의 세대 차이(代沟)   130

SITUATION 11 중국의 지역 명칭   143

SITUATION 12 중국의 교육열   147

SITUATION 13 중국 딜리버리의 명암(明暗)   158

SITUATION 14 중국 기업 하이얼(海尔)과 쑤닝(苏宁)   169

SITUATION 15 중국 화교(华侨) 기업 'CP정따그룹(正大)'   179

SITUATION 16 중국의 육가공업   185

SITUATION 17 중국의 천안문(天安门)과 고궁(故宫)   194

SITUATION 18 중국의 제조업(制造业)   210

SITUATION 19 중국 내 개인 공간와 공동 공간의 차이   219

SITUATION 20 중국의 미디어(Media/媒体)   230

SITUATION 21 중국의 SNS 신조어   239

SITUATION 22 중국의 미래 식량 자원 확보 중량그룹(中粮集团)   249

     맺음말   259

SITUATION 0
중국의 방역 통제 방식
"동타이칭링(动态清零)"

    2022년 1월부터 천진시가 봉쇄되었다.

    천진시에서 오미크론(奥米克戎/Ao mi ke rong) 감염 확진자가 나오면서 몇 개의 구(区)가 봉쇄되었다. 첫 오미크론 확진자의 등장에 촉각을 곤두세웠으며 CCTV 등 대중매체에서도 큰 관심을 보이며 보도하였다. 역시 이전과 마찬가지로 지역 봉쇄를 시작하였다. 추가된 상황은 감염의 원인 차단을 위해 해외에서 온 우편물과 냉장·냉동 수입품의 수입 전 과정과 판매장소에서 이력추적관리 방식을 추가하였고 한국산 냉장·냉동, 의류 수입을 차단하였다.

    천진은 북경의 지척에 있으면서 많은 생산공장이 북경에서 천진으로 옮겨 간 상태에서 시(市) 안에 개발구(开发区)를 형성하고 있다. 천진의 여러 공장이 봉쇄되었다. 또한 생산과 물류 인원의 주택지가 봉쇄되니 인력 없는 공장은 자동으로 가동할 수 없게 되었다.

천진시의 일부 구(区)에서는 아파트 단지 전체 인원을 대형버스 수십 대를 동원해서 집단 격리 시설로 옮기는 영상이 또우잉(抖音/Douyin)에서 확산되었다.

북경으로 확산되는 것을 막기 위해 북경 천진 간 고속도로 시 경계 검문소에서 북경 진입을 차단하기 시작했다. 응급의료 및 식료품 등 민생 안정을 위해 통행증을 발급받은 기업의 물류차량 외에는 북경 시내로의 진입은 불가능했다. 이는 10월 제20차 당대회 기간에도 동일하였다.

천진에서 제공받아야 하는 북경 시내의 많은 음식점과 쇼핑몰이 정상적인 영업을 하지 못하였다.

임인년 새해 초부터 해외에서 역유입된 신관빙두(新冠病毒/Xin guan bing du/코로나19)의 변이종인 오미크론 방역으로 경제 활성화에 대한 추진력이 꺾이게 되었다. 이후 오미크론의 확산은 동북성과 함께 경제의 핵심인 상해와 심천까지 확산되었고 자신하던 1분기 경제 성장률은 전년비 +0.1%로 저조하게 마감하였다. 이전보다 강력한 방역 정책으로 경제적 목표 달성은 우선 순위에서 밀리게 되었다.

2월 말 지린성(吉林省/Ji lin sheng)의 지린시가 중국 내 대중매체의 보도 없이 봉쇄되었다.

중국 내에서도 잘 알려지지 않은 상태에서 해외에서 먼저 봉쇄 뉴스가 터져 나왔다. 결과적으로 길림시의 시장 겸 당 부서기가 면직을 당했다.

이 면직 조치는 각 시정부와 지방 당 고위층에게 철저한 방역이 곧 자리를 지키는 보신의 방법으로 지방정부 스스로 더욱 강력한 봉쇄를 하는 방아쇠 역할을 하였다. 최고상무위원회 회의에서 시진핑 주석이 철저한 방역을 요구하면서 이전보다 강해진 봉쇄 정책 지속에 쐐기를 박았다.

계속된 지린시의 봉쇄 정책으로 인해 1분기 GDP는 -7.9%로 전체 성(省)과 직할시의 GDP 성장률에서 꼴찌를 하였다. 유일한 1분기 성장률 마이너스 성(省)으로 추락하였다.

결국 이런 추세는 전국으로 확산되었고 3월 초유의 사태로 1선 도시인 심천시와 상해시의 봉쇄가 시작되었다.

이전 봉쇄와는 달리 대중매체 보도는 없었다. 조용하게 의심자가 발생된 지역의 샤오취(小区/Xiao Qu) 출입 자체를 막아 버렸다. 샤오취는 한국에서는 예전에 있었던 동과 통반장 개념으로 반(班) 또는 아파트 단지라고 하면 이해가 쉬울 수 있겠다.

중국의 주택과 골목은 폐쇄형으로 출입구가 하나만 있는 작은 단위의 주택이 모여 있는 마을처럼 구성되어 있다. 아파트 단지도 개방형이 아닌 높은 담장과 전기철조망 같은 자체 경비시설로 인해 단지 출입구만 막으면 통제가 쉽도록 되어 있는 폐쇄형 구조이다. 그러다 보니 출입구를 막으면 자연스레 골목과 단지에 살고 있던 사람들을 효율적으로 통제할 수 있다.

2020년 신관빙두 발생부터 글로벌 경제도시인 상해시가 써 오던 방식으로 뉴스, 신문 등 대중매체에는 확진자가 아닌 해외 유입 감염자라고 통계에 반영하면서 국내의 확진자 발생에 대해서는 공식적으로 부정하였다. 그러면서 가장 작은 단위인 샤오취 통제 방역정책으로 나름 타국가 대비 정치적, 경제적 효과를 보았다. 이런 상해시의 가장 작은 단위 방역 통제 방식인 '샤오취 방역 통제'가 다시 시작되었다.

2022년 3월 말, 중국의 경제 수도인 상해시가 샤오취 통제 방역 정책을 고수하다가 방역에 구멍이 뚫리면서 도시 전체를 봉쇄하는 강경한 방향으로 전환하였다. 도시의 경제활동 및 일상생활 전체가 멈춰 섰다. 초기에는 한국에서도 제대로 보도가 안 된 것 같았다. 상해시 내에서도 많은 확진자가 나온 민항취(闵行区)의 각 쩐(镇)정부(한국의 '동(同)'의 개념)에서 샤오취 및 쩐(镇) 전체의 전 주민 핵산검사를 목적으로 2일간 자택 격리 요청 공문을 배포하였다. 학교, 기업, 쇼핑몰뿐만이 아닌 작은 음식점까지 전체가 의무적으로 운영, 영업을 중단하고 각 샤오취에서 2일간 매일 1회 핵산검사할 것을 명령하였다. 나 또한 거주 중인 홍첸루의 금수강남 4기 아파트 단지 전체가 봉쇄되어 매 2일마다 핵산검사를 받았고 그 이후에는 확진자가 단지에서 나와 장기 봉쇄 조치를 겪게 되었다. 중국 경제 도시인 상해시 봉쇄의 시작이었다.

[단지 입구 봉쇄] [핵산검사]

3월 1일 상해시 바오산취(宝山区)에서 1명의 확진자가 발생한 후, 쉬후이취(徐汇区) 한 호텔에서 환기구를 통해 대량 전파되는 방역의 실수가 발생하였다. 이 방역의 구멍을 계기로 4월 말까지 60만 명으로 확진자가 기하급수적으로 늘어났다. 3월 28일부터는 상해의 동쪽 푸동(浦东), 4월 1일부터는 서쪽 지역인 푸시(浦西)가 기한 없이 장기 봉쇄되기 시작했다. (상해시는 황푸강을 중심으로 푸동과 푸시로 나뉜다.)

처음에는 4일 단위로 봉쇄 후 해제를 할 것으로 사전 통지를 하였으나 확진자가 일 2만 명대로 급증하면서 봉쇄는 사전 공지된 것과는 다르게 기약 없이 지속되었다. 상해시의 잃어버린 4~5월의 시작이었다.

4일만 봉쇄할 것으로 생각한 대부분의 상해시민들은 봉쇄 연장에 따라 식료품과 생필품 구입에 문제가 생기기 시작했다.

모든 공급망이 운영 중단되었기에 길거리에 노숙하며 배달하던 딜리버리 배달원들이 있다고 해서 식료품 공급을 받을 수 있는 상황이 아니었다.

긴급 구호품으로 6~7회 정도 각 샤오취에 정부가 공급을 하였지만 양자체가 정상적인 식생활을 하기에는 턱이 없는 상태였다.

이후 샤오취별로 식료품 단체구매 활동을 시작하는 업체들이 늘어나면서 평소보다 비싼 가격이라도 구매를 해서 기본적인 식생활 유지를 하였다.

시진핑 주석의 한마디에 이런 강력한 봉쇄를 한다는 것 자체가 사회주의 국가이니 당연한 것이라고 생각이 되었지만 경제를 포기하면서까지 지방정부의 관리자들이 한층 더 강력한 방식으로 각자의 자리를 지키고자 한 과잉 봉쇄라는 생각을 지울 수 없었다. 지방정부 관리자들의 보신주의가 중앙정부가 목표한 경제 목표 달성과는 요원해지는 결과를 낳게 된 것이다.

샤오취 통제 방역은 한 단면에 불과하였다. 상해와 심천 중심의 전체 시 봉쇄 정책 시행과 동시에 북경과 천진에서는 한국에서 수입된 의류와 식음료, 위생, 미용 등 모든 물품에 대해 구매 하지 말 것을 공산당원 중심으로 방침을 내리고 각 구의 시장감독국 관리 인원들을 민생 영업장으로 단속을 보내 한국산 수입품의 운영을 사실상 못 하도록 하였다.

이 당시 한국에서는 매일 30~40만 명의 확진자가 속출하고 하루 400여 명의 사망자로 의료시스템이 위기라는 뉴스가 중국에 고스란히 전달되고 있었다. 의료 체계가 그렇지 않아도 좋지 않은 중국으로서는 한국에서 추가로 유입되는 것을 차단하려고 노력할 수밖에 없었다.

결국 상해와 북경으로 오는 한국발 중국행 비행 노선을 다른 시의 공항으로 우회시키거나 자국의 항공편은 아예 비행 노선을 취소하였다.

오미크론 역유입 확산의 원인을 한국으로 돌릴 수도 있는 상황이었다. 당시 한국에서 새롭게 당선된 대통령도 대중국 강경정책으로 알려진 상태였기에 자칫 한·미·일 동맹이 강화되고 사드가 추가 배치되거나 인도 태평양 경제 프레임 워크(IPEF)가 더 강화되어 중국을 고립시킨다는 뉴스가 현실이 된다면 오미크론 확산의 원인이 한국에 있다는 소문이 기정사실처럼 확대될 가능성도 있었다. 주중 한국기업과 한국 교민은 안전을 위협받는 위기 상황으로까지 내몰릴 수 있었다.

한국에서는 새 대통령 당선인이 청와대가 아닌 광화문 외교부와 용산의 국방부로 근무처와 관사를 이전하겠다는 뉴스로 떠들썩해서 중국에서의 이런 동향은 어디에서도 찾아볼 수가 없었다.

중국 국적을 가지고 있는 조선족 교포를 제외하면 1년 이상 거류 중인 한국 교민은 50만 명 이상으로 추산되는데 생활의 안전을 위협받고 있었다.

전편인 《Inspired by China life》에서 언급한 대로 핵산검사 결과는 사람의 이동 통제뿐만이 아닌 수입품에도 적용되어 수입품의 통관 시 핵산검사 결과가 없으면 통관이 되지 않았다. 핵산검사 결과를 구매 고객이 알아볼 수 있도록 상무국에 신고하고 점포에 매일 QR코드를 등록하여 고객이 조회할 수 있도록 해야 운영이 가능하도록 취급을 까다롭게 하였다. 사실상 운영이 불가능하도록 강화를 한 것이다. 그러면서 한편으로는 국내 기술만으로 신제조업 공장을 준공하였다는 뉴스를 보면 '쇄국정세로 가면서 내수에만 의존하려고 하나'라는 의구심이 들 정도로 샤오취 봉쇄와 해외 수입품에 대한 강력한 통제를 늦추지 않았다.

핵산검사 결과는 이전 통제수단이었던 '건강코드' 개념인 지엔깡마(健康码/Jian kang ma)에서 핵산검사 결과와 시간과 방문지를 등록하는 더욱 심화된 '허수안마(核酸码/He Suan Ma)', '창슈어마(场所吗/Chang suo ma)'로 강화되어 새로운 방역, 이동 관리 통제의 수단으로 강화되었다.

핵산검사를 2일 단위로 3회 이상 시행 후 모두 음성일 경우 허수안마가 1개월 후까지 핵산검사 시마다 간편하게 신원 확인과 핵산검사 이력을 조회할 수 있는 기능으로 활용되었다.

'이동 및 방문 장소확인 QR코드'라고 할 수 있는 '창슈어마'는 핵산검사를 48시간 또는 72시간 안에 한 사람이 어느 장소에 방문하였는지 전체적인 파악을 하기 위한 강력한 통제 수단으로 만들어졌다. 쇼핑몰 및 작은 식당에 들어갈 때도 입구에 부착된 창슈어마 QR코드를 핸드폰으로 스캔하면 기존 지엔깡마 QR코드 밑에 해당 방문 장소의 주소가 같이 보인다. 이 QR코드를 입구에 설치된 디지털 QR코드 리더기 또는 입구에 서 있는 관리자에게 보여 주고 녹색 안전 인증과 48시간 또는 72시간 내 핵산검사 결과가 안전함이 확인되면 진입할 수 있다.

14억 인구의 통제 수단을 만드는 방식은 기존의 것을 보완하여 지속적으로 업그레이드될 것 같다. 그 수단으로 중국의 IT가 활용되고 있다.

중국 국무원에서 이런 방역 통제 정책을 공식적으로 '动态清零(동타이칭링/Dong tai qing ling)'이라고 명칭하였다.

이른바 제로코로나(Zero Corona) 정책을 실행하는 특유의 방식을 중국에서 공식적으로 표현을 한 단어이다. 이후는 줄여서 '칭링정책'이라고 하겠다.

중국 내부에서 사용하는 '칭링정책'은 두 가지의 뜻으로 나누어 사용된다.

동타이칭링(动态清零)은 물리적 숫자 '0'명의 감염자를 뜻하는 것이 아니고, 신속 정확하게 감염자를 가려내고 전파 경로를 차단하여 감염자의 숫자가 더 이상 올라가지 않도록 완전히 통제된 상황을 말한다.

또 다른 하나는 셔회이칭링(社会清零/사회적칭링)으로 유증상 확진자, 무증상 확진자, 밀접 접촉자로 분류된 인원을 별도로 격리하여 이런 감염원이 차단된 '일상의 사회'에서 신규 감염자를 '0'명으로 관리하는 것을 뜻한다. 이 당시 한국 언론에서의 표현은 사과 박스에서 썩은 사과를 골라낸다는 표현을 사용하였다. 다른 사과도 썩기 전에 썩은 사과를 골라낸다는 뜻인데… 같은 사람이 사는 세상에 대해 표현한 비유로서는 적절치 못한 것 같다.

칭링정책은 10월 제20차 당대회 시 3연임을 확정하기 위해서는 필수적인 조건으로 시진핑 주석은 인민의 생명을 위한 강력한 방역을 요구하면서 한편으로는 걱정되는 경제활동 피해는 최소화하라는 다소 역설적인 지시를 한 것이다.

이러한 칭링정책의 고수를 당 최고 지도부 7인으로 구성된 중앙정치국 상무위원회에서 언급하였다. 평소에는 이 회의가 북경의 핵심부인 지금의 자금성의 서쪽에 인접한 중난하이(中南海/Zhong nan hai)에서 열린다는 것조차도 뉴스 매체 보도를 하지 않는 전례에 비하면 유례가 없는 상황에서 오미크론의 확산이 정부의 판단에도 심각하다고 결론 지은 것이다.

통제형 방역 '칭링정책'으로 중국 양회 시 목표한 GDP 5.5% 내외 달성과 지방정부 부채의 감소, 부동산 침체에 따른 부양책 시도, 실업률 감소를 위한 1,000만 명 일자리 창출 등의 각종 양회의 정부 정책들은 발표하자마자 목표 달성이 어렵게 된 것이다. 한 치 앞도 못 보았다는 웃지 못할 상황이 된 것이다. 실제 상해 당서기는 양회 도중 확진자 폭증으로 상해로 조기에 복귀하였다.

5월 노동절 연휴가 지나면서 상해 봉쇄는 경제 침체를 우려하여 푸공푸찬(复工复产/Fu gong fu chan/기업의 생산 재개)을 목적으로 각 취(区)마다 바이밍딴(白名单/Bai ming dan/White List)신청을 받으며 운영 재개를 희망하는 기업의 신청을 받고 시 정부 심사를 통해 일부

재개하려는 움직임을 보였다. 하지만 연휴 후 바로 2022년 7월에 청뚜(成都)에서 열리기로 한 세계유니버시아드 대회가 연기되었고 9월에 있을 항주(杭州) 아시안게임도 연기한다고 공식 보도가 발표되었다. 그 발표와 함께 상하이바오웨이잔(上海保卫战/Shanghai bao wei Zhan)이라고 하여 우한(武汉)의 76일간의 장기 봉쇄와 맞먹는 '상해보위전'이라는 표현이 최고상무위원회 회의에서 나오고 각 지방 정부로 그 표현이 확대되었다.

봉쇄는 더 지속되었다.

중국 의료시설의 낙후성을 인정하며 인구 구성상 60대 이상의 노인층이 많고 지역별로 의료진과 의료시설의 차이가 심해 그대로 두면 타 국가보다 중증자와 사망자가 많이 나올 거라는 부연 설명이 달렸다.

푸공푸찬(复工复产) 이후 5월 말이면 시 정부 차원의 소비를 진작시키기 위한 소비권 행사 등 여러 가지 소비촉진책들이 발표될 것이라고 예측을 하였지만 현실은 봉쇄가 지속되었고 전혀 예측 불가한 불확실의 시대로 접어들었다.

잃어버린 상해 4~5월의 충격은 중국 경제에 적지 않은 영향을 주었고 정저우시(郑州)가 봉쇄되고 북경시도 다시 확진자가 증가하면서 수많은 취(区)정부가 식당과 쇼핑몰의 영업을 중단시키면서 봉쇄에 준하는 조치를 하는 추세가 계속되었다. 31개성과 직할시 중 어느 도시가 다시 상해처럼 봉쇄가 될지 예측을 못하는 상황이 되었다.

중국 정부가 제20차 당대회 이후에도 계속적인 '동타이칭링' 정책을 고수했다면… 중국의 꿈 '중국몽(中国梦)'을 실현하는 기한은 점차 기약 없이 멀어졌을 것이다.

지금은 '통타이칭링'을 철회하고 위드 코로나로 전환했지만 중국 공산당의 정치적 안정과 정권 유지를 위한 목적과 상대적으로 낙후한 의료시스템과 시설로 인민의 생명을 지키기 위한 목적이라지만, 인민의 정상적인 생활을 차단하면서까지 지켜야 하는 것이 과연 무엇인지… 중요한 우선 순위를 무엇에 둔 것인지… 의혹만이 커져 갔었다.

다른 국가처럼 엔데믹(풍토병화)을 인정하지 않고, 장기간 봉쇄를 시행하면서 이 봉쇄 정책의 끝을 내는 탈출구를 스스로 어떻게 찾을 것인지 합당한 명분은 사라져 가고 있었다.

중국은 전 세계에 실력과 운을 검증 받는 단계에 있다.
운도 실력이라는 말을 들은 적이 있다.
중국의 운은 현재 시점에서는 중국의 편에 서 있는 것 같지 않다.

순위	지역명(省及)	GDP (亿元)	전년비(%)
1	광동(广东)	2조 8,498	+3.3%
2	장수(江苏)	2조 7,859	+4.6%
3	산동(山东)	1조 9,926	+5.2%
4	저장(浙江)	1조 7,886	+5.1%
5	허난(河南)	1조 4,228	+4.7%
6	스촨(四川)	1조 2,739	+5.3%
7	푸젠(福建)	1조 1,859	+6.7%
8	후난(湖南)	1조 1,058	+6.0%
9	후베이(湖北)	1조 0,804	+6.7%
10	안휘(安徽)	1조 0,347	+5.2%
11	상하이(上海)	10,010	+3.1%
12	허베이(河北)	9,559	+5.2%
13	베이징(北京)	9,413	+4.8%
14	쟝시(江西)	7,320	+6.9%
15	샨시(陕西)	7,265	+5.1%
16	윈난(云南)	6,466	+5.3%
17	총칭(重庆)	6,398	+5.2%
18	랴오닝(辽宁)	6,214	+5.2%
19	광시(广西)	5,914	+4.9%
20	산시(山西)	5,513	+6.5%
21	내몽고(内蒙古)	5,078	+5.8%
22	귀저우(贵州)	4,815	+6.6%
23	신장(新疆)	3,975	+7.0%
24	텐진(天津)	3,538	+0.1%
25	흑룡강(黑龙江)	2,976	+5.4%
26	지린(吉林)	2,576	- 7.9%
27	깐수(甘肃)	2,479	+5.3%
28	하이난(海南)	1,593	+6.0%
29	닝샤(宁夏)	1,114	+5.2%
30	칭하이(青海)	833	+5.1%
31	시짱(西藏)	516	+6.4%

국가통계국 발표 / 단위: 억위안

[2022년 1분기 성(省)&직할시, 자치구 31개 지역 GDP 및 전년비]

지역	2사분기		상반기	
	GDP금액(억위안)	전년비(%)	GDP금액(억위안)	전년비(%)
전국	292,464	0.4	562,642	2.5
북경	9,939	-2.9	19,352	0.7
천진	4,082	0.7	7,621	0.4
하북	10,264	1.7	19,824	3.4
산시	6,056	3.9	11,569	5.2
내몽고	5,387	3.0	10,465	4.3
요녕	6,958	0.4	13,173	1.5
길림	3,121	-4.5	5,697	-6.0
흑룡강	3,419	0.5	6,395	2.8
상해	9,399	-13.7	19,349	-5.7
강소	29,050	-1.1	56,909	1.6
절강	18,336	0.1	36,222	2.5
안휘	11,416	1.0	21,764	3.0
복건	12,746	2.6	24,605	4.6
강서	7,813	3.0	15,133	4.9
산동	21,791	2.1	41,717	3.6
하남	16,528	1.7	30,757	3.1
호북	13,698	2.7	24,503	4.5
호남	11,875	2.7	22,933	4.3
광동	31,020	0.7	59,518	2.0
광시	6,379	0.7	12,294	2.7
해남	1,551	-2.5	3,145	1.6
충칭	7,114	2.9	13,512	4.0
사천	13,437	0.5	26,176	2.8
귀주	5,015	2.5	9,830	4.5
운남	6,998	1.9	13,464	3.5
시장	456	3.2	973	4.8
산시	7,987	3.3	15,252	4.2
감소	2,756	3.2	5,235	4.2
청해	855	0.1	1,689	2.5
닝샤	1,238	5.3	2,353	5.3
신장	4,304	2.9	8,279	4.9

[2022년 상반기(2분기 내역 포함) 성(省)별 GDP 성장률]

SITUATION 1
중국 소비자 고발 프로그램
<315晚会>

중국에 진출한 국내외 기업들이 가장 긴장하는 날이 있다.

매년 3월 15일… 일반적으로 '싼야우'라고 부른다. 이른바 <315완후이(晚会/Wan Hui)>라는 방송 프로그램이 중국 전역에 방영되는 날이다. 완후이라는 것이 과거 한국에서는 설날, 추석 저녁에 연예인들이 대거 출연하는 가족과 함께 보는 특집 방송 프로그램처럼 한국의 설날과 같은 중국 춘절 밤 8시에도 춘절 완후이(春节晚会/Chun Jie Wan Hui) 프로그램이 방송된다.

315완후이는 이와 다르게 1991년부터 매년 3월 15일 '국제 소비자 권익의 날'에 저녁 8시부터 2시간가량 10~12가지의 이슈로 소비자의 권익에 위배되는 크고 작은, 국내 및 외자기업들의 뒷면을 잠입 취재하는 기획취재 형식의 불법, 불합리, 비위생적인 현장을 고발하는 프로그램이다. '완후이'라는 단어는 '늦은 저녁의 모임'이라는 뜻이다. '315 완후이'라는 프로그램 명칭으로 국영방송인 CCTV2 재경(财经/Cai Jing)에서 생방송으로 중국 전역에 방송된다.

방송 소재는 주로 상무국, 식약국, 질량감독국에 접수된 소비자 클레임 및 고발 내용을 기초로 하며, 매년 1월 말까지 기초 조사 및 잠입 취재 내용을 토대로 그해의 방송 주제를 확정한다.

315완후이의 주목적을 직역하면 이렇다.

3·15晚会都在为维护消费者权益、规范市场经济秩序、完善法律法规而努力。晚会一贯致力于推动法治建设、依法维权的价值追求, 倡导在法治的阳光下, 消费者更有尊严地维护自己的合法权益, 经营者更诚实守信地参与竞争, 监管者有法可依、执法必严, 忠实维护市场经济秩序

'소비자 권익을 수호하고 시장경제 질서를 규범화하며 법률 법규를 보완하기 위해 노력하고 있다. 법치건설, 법에 의한 가치추구 추진에 일관하고 법치의 햇빛 아래 소비자는 더 존엄하게 자신의 합법적인 권익을 수호하고 경영자는 더욱 성실하게 경쟁에 참여하며 규제자는 법 집행이 반드시 엄격하며 시장경제 질서를 충실히 수호할 것을 주창하고 있다.'

위의 315완후이의 목적에 대한 직역 내용을 보면 소비자의 권익 보호를 위해 정부는 법치를, 기업 경영자는 소비자의 권익보호 및 정당한 경쟁을, 각 기관의 감시 관리하는 직무를 맡은 자들은 시장경제를 수호할 것을 의무화하고 있다.

2015年	消费在阳光下	소비자는 햇빛 아래 있다.
2016年	共筑消费新生态	새로운 생태소비를 같이 건설한다.
2017年	用责任汇聚诚信的力量	책임으로 성신의 힘을 모으다.
2018年	共建秩序 共享品质	질서를 만들고 품질을 공유하라.
2019年	共治共享、放心消费	함께 누리고 안심하고 소비하다.
2020年	凝聚力量、共筑美好	대중의 힘을 모아 아름다움을 쌓다.
2021年	提振消费、从心开始	소비 진작, 마음에서 시작한다.
2022年	公平守正 安心消费	올바른 것을 지키고 안심소비를 이루다.

[2015~2022년 315완후이 주제]

주재원 근무를 시작한 이후 각 연도의 주제를 보면 그해의 주요 이슈 사항을 반영하여 소비자의 권익에 집중하고 있는 상황을 엿볼 수 있다.

처음 315완후이에 대해서 들은 말들은 외국 기업에 대한 살생부를 발표하는 프로그램이라는 무시무시한 이야기였다. 책상 옆에 아예 모니터를 가져다 놓고 처음 보는 생방송을 2시간 내내 긴장된 마음으로 지켜보았다.

지금까지 가장 인상적이었던 장면은 소비자가 자신이 구매한 라면을 쓰레기통에 버리거나 품질 불량의 신발을 불태우는 장면이었다. 비위생적 식품과 품질에 대한 불만을 표출한 극단적 장면이 생방송에 그대로 노출되었다.

다른 하나는 패스트푸드점의 주방에 내부 잠입 취재한 것으로 보이는 흔들리는 카메라 앵글로 유통기한이 지난 패티나 원료를 사용하고, 아무렇지 않게 '그냥 사용하라'는 주방에서의 실제 대화 장면은 한국에서는 보기 힘들었던 자극적 소재의 영상이었다.

예전 한국에서도 한 방송국PD의 소비자 고발 프로그램이 있었던 것으로 기억은 하지만 중국의 경우 논리적으로 기업의 부정을 보도하기보다는 자극적인 영상을 주로 방송하여 소비자에게 배신감까지 느끼게 하였다. 혼란과 함께 해당 기업과 브랜드에 대한 부정적인 감정을 극대화하여 부추기는 듯한 느낌이었다.

항상 이런 소비자 고발 프로그램에 의한 파급 효과는 그 기업에만 그치지 않았고 식품이면 그 해당 카테고리의 모든 기업이 소비자의 자발적 불매운동, 소비 위축 등으로 기업이 문을 닫거나 전체적인 시장이 위축되는 부정적 영향을 주었다.

처음 듣던 것과는 다르게 방송에서는 외자기업뿐만이 아니라 국내의 대기업과 중소 기업까지 소비자 고발 프로그램의 취재 대상이 되었다. 대표적인 사례로 농약 성분이 든 살충제로 양식하는 해삼 양식장과 건조 작업장, 2022년 최근 보도된 위생 환경이 너무 좋지 않았던 수안차이(酸菜/Suan Ca/땅에 구덩이를 파고 숙성시킨 신맛 나는 묵은지 같은 전통식품)의 경우 해당 양식장과 수안차이 생산업체만이 아닌 애꿎은 2차 판매 업체들까지 피해를 보았다. 건해삼의 경우에는 해당 업체에서 납품 받은 유명 식당들과 건해삼 선물을 판매하는 상점이 큰 피해를 입고 시장 자체가 위축되었다.

수안차이의 경우는 그 사회적 파급이 더 컸다.

방송일 다음 날 수안차이 작업장은 시장감독국에 의해 조사를 받았고 업체는 문을 닫았다. 이뿐만이 아니라 또우잉(抖音)에서는 수안차이가 들어가는 수안차이라면을 소비자들이 쓰레기통에 버리는 영상이 패러디까지 되면서 논란은 확대가 되었다. 당시 인기 있던 수안차이라면을 제조판매하던 기업에까지 영향을 미치게 되었는데 업계 1, 2위 기업인 대만 딩신(頂新)그룹에서 중국 본토의 라면 브랜드로 세운 캉스프(康师傅/Kang shi fu)의 수안차이라면과 역시 대만 기업인 통일(统一)그룹의 수안차이라면이 전국 마트와 편의점 진열대에서 내려지고 판매가 중단되었으며 결국 생산까지 중단되었다.

이것으로 끝이 아니었다. 중국의 젊은이들이 보통 컵라면을 먹을 때 한국의 천하장사, 맥스봉 같은 스틱형 소시지를 같이 먹는 경향이 있다. 스틱형 소시지 브랜드 중 유명한 것이 쌍후이(双汇/Shuang Hui)이다. 이 스틱형 소시지를 생산하는 생산라인에 역시 잠입 취재를 통해 바닥에 떨어진 고기 원료를 사용하는 장면과 비위생적인 생산라인과 비윤리적인 생산 라인의 직원들의 대화가 고스란히 강소성위성TV 자체 315완후이 프로그램에 방송되었다.

캉스프, 통일의 수안차이라면과 쌍후이 소시지가 함께 쓰레기통에 버려지고 부수어지는 SNS영상이 확대되었다. 결국 모든 마트와 편의점 등의 진열대에서 판매원들이 해당 라면과 소시지를 빼 버리는 영상까지 파급되면서 생산업체와는 별개로 다른 유통업체들이 피해를 보고 유사 제품의 판매를 위축시켰다. 예전의 한국의 라면 유지 파동과 만두 사태와 같은 양상이었다.

한편으로는 대만 기업이 아닌 중국 본토 기업인 라면 업계 만년 3위 업체였던 바이샹(白象/Bai Xiang)은 이런 소비자 불매운동의 잔인한 파급력에서 살아남기 위해서 수안차이라면 종류를 생산하지 않고 직원 중 30% 이상 장애우를 고용하여 운영하는 사회적인 책임을 다하는 착한 기업이라는 홍보 영상을 자체적으로 전파하는 등 살아남기 위한 노력을 하는 모습을 볼 수 있었다.

역대 315완후이에서는 정부의 고의성이 있든 아니든 여러 외자기업들이 포함되어 있었다.

프로그램의 폭로와 그 후폭풍의 잔인함이 외자기업의 살생부를 발표하는 날이라는 악명까지 만들어 낸 것이다. 외자기업으로서는 이런 방송 후폭풍을 감당하기도 어렵지만 본국에서는 전혀 경험해 본 적 없는 파급력이었으니 조작된 것처럼 느껴졌을 것이다. 마치 정부과 방송에 의해 조작된 것처럼 느껴지게 되는 것이다. 이러다 보니 315완후이가 외자기업만을 겨냥한 외자기업의 무덤이라고 할 수도 있을 것 같다.

하지만 315완후이는 한국 기업으로는 금호타이어, 글로벌 기업으로는 맥도날드(McDonald's), 까르푸(Carrefour), 애플(Apple Inc.), 폭스바겐(Volkswagen), 스타벅스(Starbucks), 니콘(Nikon), 나이키(NIKE), 무인양품(無印良品) 등 중국에 진출한 외국 기업들의 문제뿐만이 아니라 타오바오(淘宝), 으어러머(饿了么), 중국의 IT, 라이브커머스 업체, 중소 식품생산업체 등 중국 기업까지 총체적으로 사회적 이슈 사항이라면 방송 소재로 다루었다.

외국 기업은 자국에서는 경험해 보지 못한 상황이 되니 중국 소비자에게 정부 차원에서 외자기업을 배척하는 분위기를 조장하는 것 아닌가라는 의심을 하는 것이다.

정작은 서구시장처럼 개방된 시장을 경험해 보지 못한 미숙한 중국 소비자에게 계몽 교육 프로그램처럼 소비자를 학습시키는, 약간은 격한 스파르타식 교육 프로그램이라고 할 수 있겠다.

315완후이가 1990년 개혁 개방 이후 1991년 국제 소비자 권익의 날부터 시작한 상황을 보아도 1990년 갓 들어온 맥도날드, KFC 등 당시는 생소한 프랜차이즈와 서구식 경영, 서비스를 제공하는 외국 기업으로부터 중국의 소비자를 보호하고 차차 익숙하게 하려는 취지로 보였다. 중국 정부로서는 취할 수 있는 최소한의 단계적 학습 기회를 인민들에게 주어야 하지 않았을까 생각했을 것으로 추측된다.

현재도 14억 명의 인구 중에서 10억 명은 해외 출국 경험이 없는 상태이다. 해외에서 외자기업에 대한 소비자로서의 경험은 약 30%의 인구일 뿐이고 국내에 진출한 외자기업의 소비자로서의 경험도 고작 30여 년밖에는 되지 않았다.

소비자에게 계몽 역할을 하는 것은 지속적인 캠페인으로는 상당한 시간이 필요한데, 이런 프로그램은 소비자를 보호하기 위한 방법이지만 충격요법으로, 단기간에 소비자의 권리와 기업의 책무를 알리기 위한 것으로는 극단적인 충격요법이라고 할 수 있다.

그래서인지 중국의 소비자 권리 주장은 그 어느 나라 못지않게 강하다. 나의 매일 주요 업무 중 하나가 일일 고객VOC를 청취하는 것이었고 그중에서 고객의 차핑(差评/Cha ping/차평 고객클레임)을 정리해서 사업부에 공유하는 일이었다. 수많은 인구와 넓은 지역만큼 고객의 요구와 클레임은 다양했다.

매일, 매월 관련된 팀에 공유하고 개선하기 위한 업무에 많은 노력이 할애되었다.

현재는 고객과의 접점(MOT/Moment of Truth)을 더 세분화해서 MMOT(Micro MOT)로 보아야 하는 상황이다.

이제 중국의 소비자는 315완후이의 파급력을 스스로 조절하고 판단하고 행동한다. 기존의 단순한 고객 행동 패턴을 예측하는 것을 넘어서, 접근, 입점, 구매의 시점을 넘어선 구매 후의 소비자의 의견(Voice of Customers)까지 유사한 내용 분석을 해내고 기업의 운영 방향으로 삼는 단계에까지 와 있다.

이를 실현시킨 것이 인터넷쇼핑몰, 와이마이(外卖/딜리버리)플랫폼과 또우잉(抖音), 콰이쇼우(快手/Kuai shou) 등 라이브커머스(Live Commerce)와 같은 중국의 IT 관련 산업이며, 실시간으로, 더욱 세분화시키고 있다.

현재 315완후이 방송의 주요 주제는 식품기업이 주요 화제가 아닌 IT 기업에 그 화살을 겨누고 이미 활시위를 놓은 상태이다.

3년 전부터 인터넷쇼핑과 왕홍, 라이브커머스의 문제점, IT업계의 각종 사기 수법 및 과대허위광고 등을 소재로 시대의 변화에 따라 소비자의 권리를 더 세심하게 지키기 위해 기존과 다른 방향으로 피봇팅을 하고 있다.

중국 온라인쇼핑몰 업체는 개별 고객의 구매 패턴과 클레임을 이미 빅데이터(Big data)를 통해 분석하는 시스템도 갖춘 상태에서 ZMOT(Zero MOT/사전 고객 접점)를 실현하고 있다.

주로 생필품 구매를 허마센셩 앱(App) 또는 타오바오, 징동 등을 통해 구매를 하고 택배로 편리하게 받아 보는 생활을 하고 있다. 가끔 구매하기 위해 핸드폰의 관련된 앱(App)을 켜면 내가 구매했던 내역들로 추론하여 자주 구매했던 품목들과 유사하거나 연관 있는 상품들이 첫 화면부터 가득하다. 이미 내가 고객으로서 접근하기 전에 이 기업들은 ZMOT, 사전 고객 접점을 구축하고 있는 것이다. 이런 사전 고객 접점을 가지고 사기 또는 장사를 하는 악덕 기업도 나타난 상태이니 315완후이 방송의 소재 범위는 이전보다 더 넓어지고 그 깊이도 깊어졌다.

먹거리, 식품의 위생을 가지고 장난을 치는 기업과 브랜드는 철저하게 소비자로서 할 수 있는 불매운동과 브랜드에 대한 불신의 표현을 적극적으로 한다.

315완후이의 소재의 다양성과 깊이만큼 중국 소비자의 안목과 판단도 넓고 깊어졌다고 보면 된다.

중국의 소비자와 기업은 이런 경향에 맞추어 점차 진화하고 있다.

소비자의 선택은 참신성, 가치성, 가심비를 넘어서 사회주의 국가로서 기업의 사회적 책임과 ESG경영활동을 하는 기업을 옥석 가리듯이 가려내고 있다.

중국 정부의 의도 이상으로 중국 소비자는 315완후이를 통해 계몽되고 소비자로서의 권리가 강화, 증강되고 있다.

좋은 의도와 노력의 경험으로 선택을 한 경우 목표를 초과하는 결과물을 얻게 되기도 한다. 이런 경우는 그 결과물이 때로는 스스로 증강을 해서, 목표를 넘어서 의도한 이상의 성과를 창출하기도 한다.

좋은 의도와 노력의 경험으로 선택을 한 경우
목표를 초과하는 결과물을 얻게 되기도 한다.
이런 경우는 그 결과물이 때로는
스스로 증강을 해서, 목표를 넘어서 의도한
이상의 성과를 창출하기도 한다.

SITUATION 2
중국의 식품 안전 의식

    2022년 〈315완후이〉가 방영되기 1개월 전부터 웨이신과 또우잉(抖音/Dou yin)을 통해 한국 기업 한 곳이 이슈가 되고 있었다. 한국보다 중국의 매출이 앞선 대표 제과업체인 오리온(好丽友/Hao Li You)이었다. 처음 시작은 2021년 가을에 가격을 인상한 것이, 3~4개월이 지난 후에 뜬금없는 SNS영상들로 이슈가 되었다. 대표 제품인 초코파이와 3~4품목의 판매가격을 인상하였는데 한국 언론에서 보도된 것처럼 중국과 러시아만 가격 인상을 했다는 이슈가 아니었다.

    중국 소비자들이 이슈 제기를 한 것은 가격 인상보다는 제품의 표기 사항이었다.

    한국과 중국 생산품의 표기 사항 사진을 비교하면서 한 가지 원료가 다른 것에 주목한 것이었다. 주요 원료명 중에 한국에서는 '코코아제품(可可制品/Ke Ke Zhi Pin), 코코아파우더(可可粉/Ke Ke Fun)'라는 원료명을 사용하였는데, 중국에서 생산한 제품의 표기 사항에는 '대체 코코아 가공품(代可可制/Dai Ke Ke Zhi)'으로 원료가 다르게 사용된 점에 집중하였다.

'代(Dai/대체)'라는 말이 '대체 가공품'이라는 뜻으로 한국과 같은 코코아파우더 원물이 아닌 대체품을 사용했다는 것에 민감하였던 것이다.

외국과 우리나라에서 보면 별 민감한 사항이 아니다. 그런데 왜 유독 민감하고 중요한 문제처럼 확대된 것인지 사회적 배경을 이해할 필요가 있다.

2008년 중국뿐만이 아닌 세계적으로 이슈가 된 사건이 있었다.
'멜라민 우유 파동'이다.

하북성 스자좡(石家庄/Shi Jia Zhuang)의 싼루(三鹿/San Lu)사와 21개의 분유 브랜드에서 멜라민이 검출되었고 이 분유와 유제품을 먹은 유아 4명이 사망하고 멜라민 중독으로 인해 5만 3천 명이나 신장결석, 신부전증이 발생하였던 사건이다. 멜라민을 고의적으로 우유에 섞은 것으로 단백질의 함량이 일시적으로 높아져 납품가를 높게 받을 수 있는 것을 노린 악의적인 의도가 있는 식품 안전 의식 부재의 문제였다. 이 사건으로 인해 중국산 유제품뿐만이 아닌 중국 식품에 대한 불신이 전 세계적으로 확대되었다.

2004년에도 우유에 물을 타는 비윤리적 낙농업자들로 인해 중국의 소비자들은 자국 브랜드를 불신하고 있는 상황에서 자녀의 먹거리까지 건드렸으니 소비자로서는 식품 안전에 대한 의심과 트라우마까지 생기게 된 것이다.

그 이후부터 중국에서 유제품, 유가공 브랜드들은 소비자가 신뢰하는 브랜드에서 항상 블랙리스트로 올라가면서 소비자의 신뢰 회복을 전혀 하지 못하고 있다.

반사이익으로 한국의 수입 우유, 유가공품이 중국 소비자의 선호를 받기 시작했다. 판매가격이 3배라도 한국 유제품을 구매하는 이유는 맛과 품질의 우수성도 있었지만 '식품 안전'이라는 이슈가 그 가치의 차이를 나타낸 것이다.

식품 원료에 대한 민감함이 유달리 한국 브랜드라서가 아니라 자국 및 수입 제품 모두에 민감한, 과거의 자국이 저지른 식품 안전 불신의 경험에 기인한 것이다.

실제로 케익류를 구매 시에 동물성(우유)생크림이 아닌 식물성생크림을 사용했을 경우 구매를 꺼려 하며, 혹여 모르고 구매 시 맛의 차이가 느껴지거나 표기 사항을 보아 식물성크림이라는 원료명이 있으면 어김없이 클레임을 제기한다.

특히 튀김유로 가장 많이 사용하는 팜유를 양산 제품이 아닌 베이커리에서 사용한 경우는 자국, 외국 브랜드를 따지지 않고 공론화시키고 불매하는 경우도 있다. 팜유는 포화지방산이 많아 카놀라유, 대두유에 비해 동맥경화, 고혈압, 심장병을 야기하는 LDL 콜레스테롤 수치를 높이고 불포화지방산(가공 시 트랜스지방산 발생)으로 인한 발암 가능성을 높인다는 것이 〈315완후이〉를 통해 인식되기 시작하였다. 식품상 안전 불신과 함께 건강 염려증으로 꺼리는 대표적 불신의 식품 원료로 각인되기 시작했다.

이런 상황에서 가격을 올리면서 한국과는 달리 대체가공품을 사용했다는 문제는 충분히 중국 내에서 이슈가 될 만한 사항이었던 것이다.

2022년 4월에 있었던 삼양식품의 불닭볶음면 이슈도 유통기한이 한국은 6개월이고 중국 및 수입산이 12개월인 이유가 유통기한을 연장하기 위해 사용된 항산화 공정에 대한 오인에 기인한다. 삼양식품이 주한 중국 대사를 만나서 전 세계 수출품이 동일 공정이라고 설명을 했어도 중국 소비자들은 납득을 하려 하지 않았고 식품 안전에 문제가 있을 것 같다는 불신의 벽을 스스로 쌓게 된 것이다.

개혁 개방 이후 30년이라는 짧은 기간에 제한적인 사회주의 국가에서 약식의 시장경제를 맛본 중국 소비자들은 서구적인 시장경제의 가공 식품 원재료, 공정, 유통과정상 지식의 부족에서 오는 오해라고 할 수 있다.

"왜 저럴까?"라고만 생각하면 중국의 소비자가 가지고 있는 식품 안전 불신의 원인과 아직 미숙한 소비자라는 부분을 이해 못하고 막연한 이질감과 거리감만 느끼게 되는 것이다.

중국 소비자는 자신과 가족의 보호 관점으로 자국에 수입되는 모든 식품에 대해 경계를 늦추지 않고 있다. 315완후이의 소비자 계몽 목적과 고발 의식 고취로 인해 원료와 공정에 의심쩍은 부분은 과감히 고발하고 대중에 공개한다. 이런 와중에 오해의 소지가 있는 부분도 바로 확산되기에 지식의 부족에서 발생한 오해로 선의의 피해를 보는 기업도 분명히 있다.

원료의 원물 사용만을 고집하는 것이 미래 지구 환경에는 오히려 도움이 되지 않는다는 것과 가공식품의 첨가 물질에 대한 해박한 지식 같은 고차원의 소비의식까지는 미치지 못한 것 같다. 정부의 다소 과격한 계몽 방식, 소비자 개인별 수용력과 경험치 차이로 오인식되고 미인지되어 있는 부분이 많다.

대표적인 예시로 마가린이라고 해도 트랜스지방 제로화된 마가린도 있는데, 그런 부분까지 미인지되어 무조건적인 부정적 입장을 취하는 것이다.

버터의 공급 문제로 가격이 계속 인상되고 기업 입장에서는 맛의 차이가 크게 없으면서 상대적으로 저렴한 마가린으로 대체를 하려고 해도 중국 내 기업은 원가 부담의 어려움을 감내할 수밖에 없다.

서구와 한국의 소비자와 같이 조금 더 원료에 관심을 가진다면, 〈315완후이〉와 같은 단일 계몽 프로그램이 아닌 다양한 소비자 권익을 위한 교육 채널과 프로그램이 있다면, 버터가 아니더라도 마가린도 충분히 문제가 되지 않는다는 것을 알 수 있을 텐데…. 중국 내에서 대중적 인식으로 확산되기까지는 아직 먼 길을 가야 할 것으로 보인다.

팬데믹과 러시아의 침략 전쟁으로 촉발된 자국 중심의 자원보호주의와 탈동조화되고 있는 지역화되는 세계에서 이런 현상은 중국 내에서의 기업활동을 어렵게 하는 요인이 될 것이다.

식품 안전이라는 불신의 경험을 극복하는 것도 중국 소비자에게는 넘어야 할 큰 산과 같은 문제인데, 진보된 프로컨슈머(Pro Consumer)로 거듭나기 위한 더 많은 지식 축적의 시간과 사회적 체험 방식의 다양성을 보장해야 할 것 같다.

현재의 현상은 과거의 경험이 만들어 낸 선택의 집합된 결과물이다. 그러나 그 경험치가 부정적이고 피하고 싶은 것이라면 반복하고 싶지 않은 회피 현상으로 이후의 유사 경험까지 모조리 부정화되고 학습되지 않는 경향이 발생한다.

문제는 사회가 조금 더 나아지는 방향으로 가고 있을 때 이런 부정적 회피 현상은 더욱 진보할 수 있는 선택의 기회를 스스로 가로막게 된다.

중국의 식품 안전 의식은 조금 더 진보해야 한다.

살면서 과거 불신의 경험을 스스로 깨고 다시
진보한 선택을 하기 위해서는 현재의 갇힌 틀을
깨기 위한 사회의 다양성을 스스로 배우기 위해
노력해야 한다. 또 사회는 이런 노력과 다양성이
실현되도록 보장해 주어야 한다.
문제 해결의 돌파구가 없을 때 스스로 고립됨을
고집하지 말고 다양한 현상을 받아들일 마음의
준비를 하고 다양성이 있는
사회에 직접 부딪혀 봐야 한다.

SITUATION 3
중국의 자동차 산업

　중국에서도 외국인이 자동차운전면허증을 타 국가와 마찬가지로 일정 과정을 통해 취득할 수 있다. 주재원 생활을 하면서 차량을 운전할 일이 거의 없을 것 같아서 운전면허증 취득에 대해서는 별다른 관심이 없었다. 시내에서 차량이 필요한 경우 회사가 고용한 현지인 운전기사가 운전하는 차량을 통해 움직이거나 디디(滴滴/Di Di)와 같은 차량 서비스를 이용하면 되기 때문이다. 2020년 여름에 복건성 샤먼을 우연치 않게 가게 되면서 운전면허증이 있어야겠다는 생각을 하게 되었다.
　중국의 국가급 관광지인 토루(土楼/Tu Lou)라고 산간 오지에 지어진 전통 가옥을 보았는데 그 인상적인 풍경에 심취하여 또 다른 숨어 있는 미인지의 중국 전통문화를 직접 찾아보고 싶다는 호기심 때문이었다.
　일반적으로 알려져 있는 중국 문화 말고 외국에 덜 알려진, 미인지된 중국 전통문화가 있는 곳은 대중교통으로는 갈 수 없는 곳이 많다. 주재원으로 와서 그 사회를 이해하려면 근간이 되는 전통문화를 이해할 필요성이 있는지라 이 호기심은 업무와도 상관관계가 있었다.

중국에서 외국인이 운전면허증을 취득하려면 자국의 운전면허증이 있는 경우 필기시험만을 치른 후에 취득 할 수 있다.

여행 이후 바로 민항취(閔行区) 자동차운전면허시험장에서 필기시험 등록을 하고 안전넷이라는 한국인들이 주로 이용하는 필기시험 예상출제 및 모의시험을 볼 수 있는 채널을 통해 100위안의 수수료를 주고 필기 시험 공부를 하였다. 정말 다행스럽게도 중국의 운전면허 필기시험장은 한국처럼 전산화가 되어 있고 더군다나 한국어와 영어로도 문제와 보기가 번역된다.

기본적으로 한국과는 다른 표시와 교통 규칙 몇 가지만 다를 뿐 국제 공통적인 교통상식선에서 공부하면 쉽게 합격할 수 있다. 교통 상식 및 교통 안전 문제 100문제를 풀면 되고 100점 만점에 90점 이상이면 합격이다.

시험장은 별도로 떨어져 있어서 시험장 1층에 대기 후 수험 번호에 따라 안내되는 2층의 필기시험장에 들어가면 8열에 12줄 정도로 배치된 시험용 컴퓨터와 책상이 보인다. 입장 시 배정된 컴퓨터에 앉고 언어를 선택하고 나면 바로 시험이 각자 개별적으로 시작된다. 시험이 끝나고 컴퓨터에 입력된 답안지 최종 제출 버튼을 누르면 퇴실하기 직전 본인의 점수를 바로 확인할 수 있다. 점수표를 받고 시험장 1층에 있는 합격증 교부 장소에 최종 점수표와 수험증을 제출하면 15분 내에 합격증을 교부 받을 수 있다.

　교부 받은 합격증으로 다시 자동차운전면허 발급 기관으로 가서 현장 사진 촬영과 함께 수수료를 내면 '中华人民共和国 机动车驾驶证(Ji Dong Che Jia Shi Zheng)'이라고 형압된 글씨가 박힌, 검은 가죽케이스에 들어 있는 운전면허증을 교부 받을 수 있다.

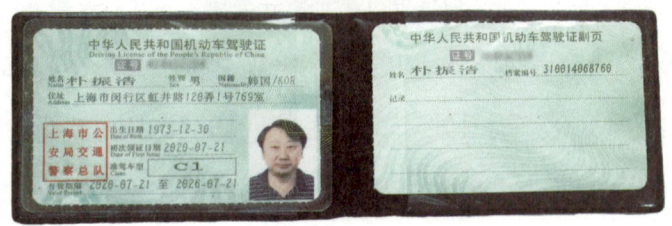

[중화인민공화국 자동차운전면허증 케이스와 내부 사진]

　대한민국 운전면허증이 있다 보니 결국 3~4주 만에 손쉽게 중국의 운전면허증을 취득할 수 있었다.

　특이한 부분은 운전할 수 있는 차량의 유형을 정의하는 부분에 'C1'이라고 표현되어 있는 것을 볼 수 있다. 한국에서라면 대형, 소형, 1종,

2종, 원동기 등 차량의 크기와 그 난이도로 구별을 하고 있다. 중국에서도 마찬가지로 구별의 기준은 차량의 크기와 운전의 난이도로도 구별하지만 워낙 다양한 종류의 운전할 수 있는 유형의 동력기들이 많아서인지 구별을 알파벳과 숫자로 하고 운전면허증의 뒷면에 구별에 따라 운전할 수 있는 차량과 원동기를 규정하고 있었다.

A1	大型客车和A3, B1, B2	C4	三轮汽车
A2	牵引车和B1, B2	C5	残疾人专用小型自动挡载客汽车
A3	城市公交车和C1	D	普通三轮摩托车和E
B1	中型客车和C1, M	E	普通二轮摩托车和F
B2	大型货车和C1, M	F	轻便摩托车
C1	小型汽车和C2, C3	M	轮式自行机械车
C2	小型自动挡汽车	N	无轨电车
C3	低速载货汽车和C4	P	有轨电车

[자동차운전면허증 뒷면의 면허별 차량 유형 규정]

가장 많은 'C1'이 세단과 7인승 이하의 소형 차량을 지칭하고 소형 차량 이하의 유사 차량을 C2, C3로 별도 구별하고 C1은 C2, C3까지 운전 가능한 면허이다. 대형 차량은 A1으로 지칭하고, 견인차와 성과 도시 간을 운행하는 버스와 화물차 등을 운행할 수 있는 면허로 그 종류에 따라 대형 공공 차량인 A2, A3 상업용 대형 차량 및 화물차인 B1, B2로 세분화하고 A1 운전면허증이면 A2~B2까지 운전이 가능하게 한 것이다.

삼륜 차량이 아직도 있는 중국이라 C4의 경우 삼륜 차량 면허로 구별을 하고 C1 소형면허 차량은 C4의 삼륜 차량을 운전하지 못하도록 하고 있다.

C5의 경우는 '장애우 전용 면허'로 아예 면허증 유형을 별도로 구별하여 운영하고 있다. D와 E는 원동기로 삼륜, 이륜차, F~P의 경우 경식모터차, 대중적으로 사용되는 전기식전동차(오토바이형 전기차) 등 다양하게 구별되어 있다.

현재는 중국 정부가 추진 중인 전자신분증 구축 사업으로 2021년부터 시행된 전자운전면허증이 모바일APP으로 구현되면서 기존 방식의 운전면허증을 대체하고 있다.

중국 자동차 종류의 다양성이 운전면허증에서도 반영되어 있듯이 중국에서는 차량의 종류도 다양하고 상응하듯 자동차 브랜드도 상당히 많다. 내가 거주 중인 아파트 단지 내에 주차된 차량의 브랜드만 봐도 정말 같은 것이 거의 없을 정도로 다양하다. 또한 주차된 차량의 20% 정도는 전기차이다.

전 세계에서 전기차의 50%가 중국에서 판매되고 있다. 테슬라의 공장도 상해에 있고 최근 중국 내 내연기관차 브랜드들은 모두 전기차 신모델을 앞다투어 내보내고 있다. 수입 차량 브랜드들도 중국에서는 내연기관 차량 홍보보다는 신모델 전기 차량 브랜드 광고를 우선으로 진행한다. 아우디의 E-Tran이나 같은 폭스바겐그룹의 전기차 ID.3모델이 길거리의 자동차 전시장의 대표 모델로 전시되어 있다.

중국 전기차의 대표 브랜드는 선전(深圳)시를 기반으로 창업한 비야디(BYD/比亚迪/Bi Ya Di)이다. 2021년도 전기차 판매 대수가 연간 61만 대로 중국 내 시장 점유율(Market Share) 17%인 넘버원 전기차 브랜드이다.

2021년 전기 승용차 최다 판매 순위에서 10위 내에 차량이 3개 모델이나 차지하고 있을 정도이다. 차량 모델의 이름도 극히 중국적이어서 중국을 최초 통일한 진나라를 지칭하는 '친(秦/Qin)' 세단이 판매량 2위로 18만 대, 이어 현재 중국 문화의 기반이 된 왕조라고 할 수 있는 한나라를 지칭하는 '한(汉/Han)' 세단이 판매량 5위로 12만 대, 문화 전성기인 송나라를 지칭하는 '송(宋/Song)' SUV가 판매량 6위로 11만 대 판매를 하였다.

BYD내의 브랜드는 이외에도 당나라를 모티브로 한 '탕(唐/Tang)' SUV까지 있어 그 판매도 13위를 기록하였다.

이미 2022년 3월부터는 BYD 생산 차량의 약 20%를 차지하던 가솔린, 디젤을 연료로 쓰는 내연기관 차량은 생산을 중단했다. 서구의 그 어느 자동차 전문 브랜드보다 더 빨리 전기차에 올인한 브랜드인 것이다.

순수 전기차와 플러그인 하이브리드 차량에 집중할 것이라고 왕촨푸(王传福/Wang Chuan Fu)회장이 공표하였고 직접 전기차용 배터리도 자체 생산을 하고 있다.

BYD의 이런 결정은 발 빠른 중국 전기 차량으로의 소비 전환과 함께 2020년 9월 중국 정부에서 2025년까지 전체 신규 차량 판매 중에서 신에너지 차량의 비중을 20%로 높인다는 목표를 제시한 배경에 기인한다.

왕촨푸 회장이 중국의 탄소중립 정책을 직접 뒷받침하며 녹색 저탄소 순환으로 사회의 지속 가능한 발전을 촉진시키겠다고 시진핑 주석에게 힘을 실어 주고 있다.

BYD의 경우 글로벌 투자자인 워런 버핏이 2008년부터 일찍이 투자를 하여 우리나라 내에서도 투자자에게 잘 알려져 있는 상태이다.

BYD의 경우는 차량용 배터리를 이미 독자적으로 개발 생산하고 있지만 대부분의 중국 내 전기차는 전 세계 넘버원인 CATL이라고 부르는 닝더스다이(宁德时代新能源科技)의 전기 차량용 배터리를 사용하고 있다.

BYD의 경우 배터리와 전기차를 같이 생산하는 패키지형태 생산으로 시너지를 누리며 CATL과의 격차를 상당히 좁혀 가고 있다.

CATL 공장이 복건성 닝더시에 있어서 닝더시 지명을 그대로 회사명에 반영하고 있다. 전기 차량용 배터리 생산업체 세계 1위, 시장점유율(Market Share) 34%인 CATL은 2022년도에는 독일과 북미, 인도네시아까지 현지 배터리 공장을 투자하고 건설 중이다. 세계 2위 생산업체인 우리나라의 LG에너지솔루션의 시장점유율이 2021년 20%에서 13%로 축소되고 있는 상황에서 중국의 전기차 배터리 산업은 내수만으로도 충분히 호황을 누리고 있다. 핵심인 차량용 반도체를 국가 기간산업으로 노리고 있는 이유도 전기자동차산업에서 완전한 기술적 독립을 쟁취하려는 중국 정부의 전략이라고 할 수 있다.

하지만 인도태평양경제프레임워크(IPEF)와 미국의 인플레이션감축법(IRA)의 주요 핵심 산업 중의 하나인 전기차 배터리 시장의 생산과 공급을 중국을 배제하여 육성할 계획이 진행 중인 만큼 중국 정부로서는 자국 배터리 산업의 독자적 성장 전략을 마련해야 하는 상황이다.

2018년부터 본격화된 중국 전기차 시장의 성장은 스타트업 3사가 주도했다.

Nio(蔚来汽车/Wei Lai Qi Che), Li Auto(理想汽车/Li Xinag Qi Che), Xpeng(小鹏汽车/Xiao Peng Qi Che)이다.

스타트업 3사가 2021년 판매한 차량은 각기 9만 1천 대, 9만 대, 9만 8천 대로 유사한 판매 대수를 기록하였다. 최초로 선보인 Nio의 경우는 안휘성 허페이(合肥/He Fei)에서 2014년 11월 회사 창립 후에 각종 투자 유치를 통해 2017년 4월 전기차 ES8 모델을 선보였다. 2021년 연간 매출액은 361억 위안(한화 약 7조 원)으로 2020년 대비 +122%의 전년비 성장을 이루었다. 하지만 손익적인 측면에서는 첫 모델 출시 후부터 누적 적자를 기록하였다. 최초 2년간은 3조 원대의 적자를 보이며 바로 무너지는 것처럼 보였는데⋯ 2021년 적자 규모는 40억 위안(한화 약 7천6백억 원)가량으로 손실액을 많이 줄인 상태이지만 현재도 손익을 내고 있지는 못하다. 새로운 모델을 2022년도에 출시할 계획이어서 지속되는 성장에서 2023년도는 손익을 내는 원년으로 기록될 것으로 보인다.

　Li Auto의 경우 북경시를 기반으로 2015년 7월에 창립한 회사이다. 2018년 10월 Li 理想One이라는 SUV모델을 출시하였다. 2021년 연간 매출액이 270억 위안(한화 약 5조 원)으로 역시 3억 위안(한화 약 6백억 원)의 순손실을 기록하였다.

　Xpeng(샤오펑)의 경우 광저우(广州/Guang Zhou)에서 2014년 창립된 회사로 2021년 4월 샤오펑P5 모델을 출시하면서 사업을 본격화하였다. 샤오펑은 2021년 연간 매출액이 209억 위안(한화 약 4조 원)이며 역시 순손실은 48억 위안(한화 약 9천억 원)을 기록했다.

[Xpeng의 P7 신차 모델 및 드론 택시 전시]

　전체 외형 매출액이 니오, 리오토, 샤오펑 순서라면 매출액의 전년비 신장률은 역순으로 샤오펑 +259%, 리오토 +185%, 니오 +122%를 기록하고 있어 전기차 스타트업 3사의 전년비 신장률은 상당히 높은 추세에 있다.

이 외에도 중국 검색 포털인 바이두와 볼보(Volvo)를 인수한 지리자동차가 협업하여 AI지능형 전기차를 양산화 준비 중에 있으며, 중국 이동통신 최대 업체인 화웨이(华为/Hua Wei)도 화웨이자동차(华为汽车/Hua wei qi che)사업부를 출범하고 신지능형 전기차 체험관과 각 점포에 차량을 직접 전시하며 본격적인 판매를 시작하였다.

[알리바바그룹의 AI지능형 전기차 브랜드 智己 모델 전시]

알리바바그룹도 알리자동차(阿里汽车/Ali Qi Che)사업부를 출범하고 고효율 배터리 충전 방식과 무인운전 기능까지 갖춘 AI 지능형 전기차 모델을 개발하여 양산화 준비를 하고 있다.

중국의 현재 전기차 산업은 무인운전 모델과 고효율 배터리 등 우리나라를 뛰어넘은 기술과 대중적 보급의 빠른 발전 속도를 보이고 있다.

배터리의 주원료인 리튬의 확보를 위해 남아메리카의 리튬광산 인수를 추진하는 등 관련 자원 확보에도 노력을 하고 있다.

이미 동네의 조그만 주차장에도 전기차 충전소가 보편적으로 설치되어 있고 각 전기차 브랜드에서 운영하는 AS센터도 브랜드별로 100여 곳이 있어 테스트 단계 상용화를 넘어 보편화의 길로 접어든 상태이다.

현재 중국의 전기차 산업은 AI산업과의 융합으로 기술적인 성장이 돋보이고 있고 기존의 기업들과 스타트업 기업에 대한 적극적인 투자로 2021년 연간 기준 전 세계의 50% 인 332만 대의 판매 숫자가 말해 주듯이 독보적인 지위를 굳히고 있다.

전기차 판매 세계 2위인 독일이 69만 대, 3위인 미국이 66만 대 수준이고 우리나라의 현대기아차가 34만 대 수준이니 중국의 전기차 시장의 크기와 성장력은 상당히 놀랄 만하다.

우리나라의 수소차, 전기차의 역량과 성장가능성은 이미 북미, 유럽시장에서 인정을 받고 있다. 하지만 중국의 자본력과 IT기술과의 융합을 통한 도전은 세계 최대의 전기차 시장인 중국에서 정면 승부를 해야만 글로벌 넘버원의 위치에 도달할 수 있을 것이다.

중국과의 경쟁에서 우리가 우월한 지위가 되기 위해서는 중국의 현황을 잘 파악하고 그 경쟁력의 핵심을 잘 알고 있어야 한다. 중국의 소비자가 원하는 요구 사항을 이미 중국 전기차 브랜드는 알고 있고 중국 정부가 인프라 구축과 관련된 기업의 지원을 통해 해당 산업의 글로벌 경쟁력을 키우고 있다.

기업과 브랜드의 경쟁력은
소비자의 선택으로 증명된다.
소비자가 선택한 기업과 브랜드는
어느 시장에서건 그 증명을 받아야
비로소 글로벌 브랜드라는 지위를 차지할 수 있다.
글로벌 브랜드에게는 피해야 할 시장이란 없다.
도전해야 할 시장만이 있다.
그 시장에서 성공하려면
그 지역의 문화와 생활을 이해해야 한다.
시장의 이해와 현상 분석이란
소비자 선택의 원인을 분석하는 것이다.
실패한 시장도 다시 이해와
현상 분석을 하면 된다.
실패란 다시 하라는 뜻인 것이다.

SITUATION 4
중국의 문화재 가치 보존과 발전

나의 전공이 사학과이다 보니 역사와 각 국가의 문화재와 배경, 이야기에 대해서 관심이 많다. 중국에 대해서는 우리나라 사람이면 일반적으로 아는 정도 수준으로 동양사를 배우면서 알게 된 중국의 역사 지식 정도뿐이다.

잘 모르던 복건성(福建省/Fu Jian Sheng)의 5A급 관광지인 투로우(土楼/Tu Lou)를 2020년 7월에 직접 가 보고 나서 중국의 문화와 그 배경에 대해서 더 호기심이 커지게 되었다. 우리나라와 유사한 자연 환경에서 전혀 다른 전통 주거 형태를 보이고 있는 투로우는 어떤 한 원인으로 인해 그 지역의 환경에 적응하려고 만든 독특한 주거형태를 보인다.

[유네스코 세계문화유산 복건성(福建省) 난징티엔루어컹투로우(南靖田螺坑土楼)]

중국의 중요 문화재는 관리시에 중요도의 등급을 매겨 관리를 하는데 5A급 지역으로 묶여 있는 곳은 우리나라 사람들이 보았을 때는 그 규모나 독특함이 눈이 크게 떠질 정도로 감탄사가 나오는 최고의 볼거리로 평가된다.

복건성의 투로우는 일찍이 송(宋), 원(元)부터 명(明), 청(清) 시대를 지나면서 북방의 한족들이 남쪽으로 도피를 하면서 지은 방어적 집단 주거지로 인적이 닿을 수 없는 산간지대의 가장 깊숙한 곳에 위치하여 있다. 그 위치도 놀라울 정도이지만 규모나 주거 형태를 보면 더욱 놀랍다.

보통 3~5층의 높이에 외벽을 원형, 정방형으로 둘러쌓은 형태로 30~40가구가 들어선 나름 소규모부터 100~120가구와 중앙에는 사당까지 있는 대규모의 집단 주거지 형태이다.

디즈니 애니메이션 실사화 영화인 〈뮬란〉에도 나왔다. 주인공인 유역비와 친척들이 집단 주거하는 한 채의 건물로 집성촌을 이루는 거대한 주거용 건축물이다.

'토루(土楼)'라는 말 그대로 흙과 모래, 석회석, 나무로 층을 이루고 격벽으로 세대를 구별하였다.

1층은 가축을 키우는 사육 시설과 중앙에 우물, 사당 등 공동 생활 구역이 있고 부엌과 식사하는 장소, 창고가 있다. 2층에는 곡식 저장 공간과 생활 공간, 3~5층은 침실로 구성되어 있다.

투로우는 복건성과 광동성의 각 지역마다 집성촌처럼 분산되어 있다. 주로 분산 지역에 따라 난징투로우(南靖土楼/Nan Jing), 용딩투로우(永定土楼/Yong Ding), 화안투로우(华安土楼/Hua An), 핑허투로우(平和/Ping He), 첸저우투로우(泉州土楼/Quan Zhou) 등 지역의 명칭으로 광범위하게 분산되어 있다.

투로우는 11~12세기부터 20세기 초까지 북방에서 쫓겨 남하한 한족의 일부가 대가족 단위로 외부의 적과 짐승으로부터 효율적인 방어를 하고, 집단체를 이루어 공동생활을 하면서 생존율을 높이기 위한 방어 형태의 집단 거주지이다. 외형 자체 그대로 주거 형태에서 직관적으로 목적성을 느낄 수 있도록 보존되어 있다.

우리나라의 북촌마을과 안동 하회마을처럼 개별 주택이 마을을 이루는 형태가 아니다. 몇 세기를 거쳐서 전통적으로 건축된 거대한 단일 건축물로 잘 보존된 것뿐만이 아니라 현재까지 실제 거주 생활까지 하고 있다.

유네스코 세계문화유산으로도 2008년부터 등재되어 모두 46곳의 투로우가 보존 유지되어 있고 중국 정부에서도 5A급 문화 관광지로 지정하여 투로우의 역사적 배경과 위치를 소개하는 투로우 기념관을 세우고 전문 관리 인력까지 배치하였다. 기념관에서는 투로우의 입장권도 판매를 한다. 입장권 수익은 각 투로우의 유지보수와 홍보에 사용을 하고 있다.

독특한 형태를 보이는 당시 생활의 모습을 고스란히 보존하여 역사와 사회적 배경과 자연 환경이 함께 어우러진 모습을 직접 보면, 인간이 창조해 놓은 것을 현재의 사람들도 눈으로 보고 느낄 수 있게 한다는 것은 인류의 위대한 유산을 보존하고 후대에 물려주는 고귀한 행동임을 느낄 수 있다.

중국에서는 투로우와 같이 당시 모습 그대로 보존하는 방식도 있지만 문화재 지역을 관광지로 개발 발전시키는 형태도 있다.

북경시에서 북동쪽으로 120km 떨어진 곳에 있는 인공적으로 조성된 수향마을인 고북수진(古北水镇/Gu Bei Shui Zhen)이 대표적인 곳이다. 고북수진의 북쪽에는 산이 있고 산능선에 만리장성 중 가장 아름다운 경관을 가진 구간인 스마타이장성(司马台长城/Si Ma Tai Zhang Cheng)이 있다.

[스마타이장성과 고북수진 케이블카]

　스마타이장성은 북경시에서 주도하여 1987년부터 1990년까지 3년간 조성 작업을 통해 일반에게 개방되었는데 역사적, 군사적, 예술적, 건축양식의 연구 등 다방면으로 매우 높은 가치를 지녀 유네스코 세계문화유산으로도 등재되었다. 만리장성 중 가장 높은 구간인 해발 1,000미터를 오르는 것이 쉽지 않아 접근성을 높이기 위해 그 이후 케이블카도 설치하였다. 집객을 위한 시설로 인공 수향마을인 지금의 고북수진을 2010년부터 조성 개발하기 시작하여 2014년 10월부터 일반인에게 개방하기 시작했다. 중국 강남의 대표적인 수향마을을 본따 인공저수지를 만들어 물을 가두고 전통적 건축양식으로 마을과 식당, 선물가게, 호텔을 만들고 인공저수지로 만들어진 수로에는 강남 수향마을의 관광용 작은 배도 운영을 하며 스마타이장성으로 가는 길목에 볼거리를 인공적으로 조성한 것이다.

고북수진과 스마타이장성은 만리장성 구간 중에서 유일하게 야간 운영을 하는 곳으로, 밤과 낮으로 인산인해를 이루는 관광지역으로 개발된 곳이다.

[고북수진(古北水镇)과 스마타이장성]

수향마을에서 스마타이장성으로 가는 길목에서 산 능선의 장성이 뚜렷이 보인다.

[고북수진의 수향마을]

어느 나라에서건 역사와 예술적인 가치의 문화재를 보존하되 접근 편의성과 집객성을 높이는 방식을 선택한다. 역사적 가치가 훼손되지 않는 문화 유산과 함께 어우러지는 전통적 방식으로 종합적인 개발을 하는 것은, 더 많은 현재와 후대의 사람들이 지속적으로 찾아볼 수 있도록 하는, 그 가치를 지속적으로 널리 알리는 고차원적인 행동이다.

중국의 중화라오즈하오(中华老字号)라고 전통적인 방식으로 운영되는 식당과 공예점, 상품을 보존하기 위한 중국 정부의 노력을 소개한 바 있다. 1960년대 문화대혁명의 암울한 시기 이후 중국의 역사적, 예술적, 문화적 가치를 보존 발전하는 방식에 나름의 노력을 기울이고 중화 민족 문화를 세계 인류의 유산화하려는 작업을 지속해 나가고 있다.

전통문화의 보존과 발전을 세계에 알림으로써 중국의 문화적 위상을 높이게 하는 효과를 기대할 수 있다. 경제적 측면 외에도 문화적 선진국으로의 기반이 되는 중화민족 전통과 문화의 우월성을 증명하려는 노력도 하고 있는 것이다.

모든 인류 역사에서 지역 전통문화의 보존과

발전은 같은 목적을 갖고 있는 공통적인 선택이다.

유지할 것은 유지하고 발전시킬 것은 발전하되

그 핵심 가치는 그대로 계승하여 현재와 미래의

인류에게 가치를 전달하려는 인류의

고귀한 선택이다.

다만 목적이 순수함에서 기인해야 한다. 동북공정과 같은 불순한 목적에서 기반된 허구에 힘쓰는 것은 중국의 국익에 도움이 되지 않는다.

SITUATION 5
중국의 물가(物价) 관리와 통제

　중국 식료품, 소비자의 식탁 물가는 매년 관찰을 해 봐도 등락의 편차가 크진 않았다. 중국인이 좋아하는 돼지고기의 경우 몇 해 전 아프리카돼지열병으로 인한 공급 파동과 수입 사료의 비용 증가에 따라 가격이 급등했다가 정부 정책에 의한 대기업들의 양돈사업 진출로 가격이 내려가는 중이긴 하다. 다시 글로벌 공급망의 위기로 사료 비용이 증가되면서 가격이 올라가려는 기미가 보이긴 한다. 다른 기본 식료품의 경우 크게 물가가 요동치는 경우는 느껴 보질 못했다. 실질 소비자 물가의 상승률도 0.9~2% 내에서 관리가 되고 있다. 물론 2022년 9월 2.9%까지 상승은 했었다.

　다만 2022년 3~4월에 들어서면서 상해와 길림성, 광저우, 시안 등의 칭링(清零)정책에 의한 방역 통제로 물류가 원활치 못하고 글로벌 유가의 변동에 의해 교통유류비가 24%, 생산자물가(PPI)의 기본 요소인 공장의 동력 비용인 수도, 전기, 가스 등의 유틸리티 비용도 4%가 올라갔다.

중국에서 CPI(소비자물가지수)를 구성하는 8대 분류 중에서 식품과 주류만 제외하고 7대 부문의 물가가 상승하였다. 돼지고기는 국제적으로 사료의 가격이 상승하고 있는 상황에서 도축을 서두르는 양돈가로 인한 과잉공급으로 41%나 하락한 반면, 야채 17%, 계란 7%, 과일 4%, 곡물류 2% 등 대부분 상승하였다. 이후 돼지고기 가격은 사료 가격의 지속 상승으로 다시 하반기에 40%나 급등하였다.

2021년과 2022년 1분기에는 러시아의 우크라이나 침공에 의한 글로벌 공급 충격과 신관빙두(코로나) 통제에 의한 SCM운영체계의 혼란에도 CPI(소비자물가지수) 전년대비 상승률이 0.9~1.5%로 다소 안정적으로 관리되었다.

2021년의 경우는 평균 CPI 상승률이 0.9%로 관리되었는데, 중국 정부의 내수 중심 소비촉진에도 불구하고 하반기 헝다그룹 사태로 인한 부동산 침체로 경기가 부진하게 된 반면 물가상승률은 높아지지 않았다. 중국 정부는 2022년도 연간 CPI상승률은 3% 이내에서 관리하겠다는 방침이었다.

PPI(생산자물가지수)의 측면에서 현재는 2~4%대로 타 국가보다는 낮아졌지만 2021년 5월부터 2022년 1분기까지 연속으로 8%를 넘어 잠재적으로 소비자 물가로 전이되어 상승될 요인은 가지고 있었다.

2021년 10월 13%를 정점으로 점차 낮아지고 있다.

　PPI를 구성하는 30개 업종 가운데 철광석을 제외한 29개 업종의 물가가 상승하였는데, 석탄류가 +54%, 원유, 천연가스가 +47%, 석유가공제품 +33%로 경기는 하강 국면임에도 생산자물가가 올라가고 2021년 하반기부터 지속되는 소비침체로 인한 경기 하강이 지속되어 '스태그플레이션(Stagflation)'이 우려되었다.

　2022년이 마지막 임기년도인 리커창 총리가 4월 국무원 상무위원회에서 통화관리정책 시행을 시사하였고 은행의 지급준비율(RRR)을 지속 완화함으로써 중국의 기준금리라고 하는 기본대출금리(LPR)를 추가 인하하여 시중의 통화량을 늘려 소비를 촉진하는 방향으로 추진을 하였다.

　중국의 물가 통계는 국무원 직속기구인 국가통계국(国家统计局/Guo jia Tong Ji Ju)에서 시행하고 관리한다. 다만 통계에 의한 기획과 관리 시행 등 통제는 역시 국무원 직속기구인 국가발전개혁위원회(国家发展和改革委员会/Guo jia Fa Zhan He Gai Ge Wei Yuan Hui)에서 시행한다. 줄여서 중국 국가발개위는 중국 경제와 사회발전의 전반적인 시스템을 기획 관리하고 통제를 하는 국가기획부서이다. 규모도 거대해서 국무원 산하 부서의 전반적 활동 계획에 대해 지침을 하달하고 지도까지 하는 국무원 내에서 가장 강력한 권한을 가진 실세 부서이다. 그래서 중국 내에서는 소국무원(小国务院)이라는 별칭으로 불리운다.

1954년 국가계획위원회라는 명칭으로 창설 후 2003년부터는 국가의 발전계획뿐만 아니라 개혁업무 기획도 담당하면서 현재의 긴 명칭으로 개칭되었다.

현재 시진핑 주석의 국가급 프로젝트인 일대일로, 슝안특별지구 등 굵직한 모든 발전개혁 업무의 기획 추진이 모두 국가발전개혁위원회에서 기획 관리되고 있다.

국가통계국의 수장인 주임이 국가발개위의 부주임으로 겸임되어 있어 국가발개위가 국가통계국의 기능까지 관리하고 있는 상위 부서이다.

사회주의 국가의 부서가 모두 공통된 '인민을 위해 복무한다(为人民服务/Wei Ren Min Fu Wu)'는 신념적 표어 아래 상하적 연관성으로 묶여 있다. 통계국에서의 분석 업무가 국가발개위의 기초 업무와 모두 연관되고, 두 기관의 위치도 북경시 시청취(西城区/Xi Cheng Qu) 위에탄난지에(月坛南街/Yue Tan Nan Jie)에 38호와 57호에 인접해 있다.

국가발개위에서의 주요 직무는 경제 및 사회발전, 경제체계의 개혁과 대외개방과 관련된 법률법규의 초안도 기획하고 부서별 규정까지 제정한다. 거시적 경제 및 사회발전의 청사진까지 총괄 기획 제출하고 거시적인 경제 대응과 조절, 시행 등 중대 사안까지 해결한다.

그래서 물가와 직결되는 가격과 관련된 정책을 기안하고 조직, 실행까지 함으로써 중요 소비정책과 물가관리 관련뿐만 아닌 재정정책과 화폐, 통화량 조절, 토지 정책까지 전반적으로 관리, 참여한다.

　이 정도까지 포괄적인 직무를 수행하다 보니 국가의 모든 프로젝트성 업무에 관여를 하고 외국 기업의 투자진출에도 관여한다. 흔히 얘기하는 블랙리스트도 만들어 외국 기업의 흥망까지 적극 개입한다.

　중국 내의 유가(油价)에도 관여하여 일정 수준의 유류 비용 안에서 관리되게끔 비축유 방출에 대한 의결까지도 한다.

　앞서 2022년 CPI의 3% 이내 방어라는 정책도 바로 국가발개위에서 기획 규정하는 것이다.

　외국 기업이 중국 내 진출을 하고 큰 투자 기획을 하려면 국가발개위의 존재를 인식하고 그들의 계획 내에서 기업 활동이 될 수 있도록 정보력 면에서 발맞춤을 할 필요가 있다.

　중국에서의 물가관리와 통제는 중국 공산당의 최고정책기구인 국무원의 직속 기관 국가발개위에서 종합 기획·관리·조정된다.

　공급부터 소비까지 전체 흐름을 기획 관리 및 통제까지 하기에 생산과 분배를 기본으로 하는 사회주의 국가에서는 최고의 권력 기구라고 할 수 있다.

　시진핑 주석의 '중국몽(中国梦/Zhong guo Meng)'을 실현하기 위한 개혁의 친위대와 같은 조직이다.

중화인민공화국은 건국 100주년이 되는 2049년 따통사회(大同) 실현을 위한 험난한 과정에 있다. 중국의 희망은 시진핑 주석이 집권하면서 내세운 이념인, 중화민족의 부흥을 실현한다는 '중국몽'에 있다.

'꿈은 이루어진다'가 될지 그저 한낮의 꿈으로 그칠지, 현재를 통제하려는 중국 공산당의 방식으로는 어려움이 있어 보인다.

통제 방식 외에 시장에 맡겨 놓는 것은 사회주의 태생부터의 역설(Paradox)이니 이를 스스로 무너트릴 '중국 특색의 사회주의 고집'이 아닌 다른 인식체계(Paradigm)로의 전환이 필요한 상태이다.

청춘이라는 젊은 시절에는
무기력감을 느끼는, 아무것도 할 수 없는
'통제된 상황'을 맞닥뜨릴 때가 있다.
아직은 경험이 부족하다 보니
해답을 찾기도 어렵다.
선택지조차도 주어지지 않은 막막함에서의
하나의 돌파구는 '희망'을 갖는 것이다.

SITUATION 6
중화민족 부흥의 꿈, 중국몽(中国梦)

중국 내에서 어디를 가든 과거 80~90년대 우리나라에서도 많이 볼 수 있는 사회 계몽적인 표어를 많이 볼 수 있다. 중국 도착 시부터 도로의 곳곳에서 처음 본 표어의 느낌은 어릴 적 새마을 운동 표어를 보는 듯한 느낌의 단순한 단어들이었다.

부강(富强/Fu Qiang), 민주(民主/Min Zhu), 문명(文明/Wen Ming)

화개(和谐/Hua Xie), 자유(自由/Zi You), 평등(平等/Ping Deng)

공정(公正/Gong Zheng), 법치(法治/Fa Zhi), 애국(爱国/Ai Guo)

경예(敬业/Jing Ye), 성신(诚信/Cheng Xin), 우선(友善/You Shan)

    단순하지만 실현하기에는 어려운 계몽적인 표어는 때로는 '중국몽(中国梦/Zhong Guo Meng)'이라는 단어 밑에 4단어씩 3줄이 차례로 쓰여 있거나, 사회주의핵심가치관(社会主义核心价值观/She hui zhu yi he xin jia zhi guan)이라는 제목의 포스터나 설치물로 도로와 주민들의 거주지 곳곳에 있다.

    표어는 시진핑(习近平) 주석이 2012년 11월 제18차 중국 공산당 당대회에서 중앙위원회 총서기에 오르면서 내세운 중요 지도사상과 집행 이념이다.

    '중국몽'은 중화인민공화국이 유일한 사회주의 초강대국이 되고 중화민족(中华民族/Zhong Hua Min Zu)의 위대한 부흥, 인민의 행복 등 세 가지 목표를 실현하겠다는 의미가 담겨 있다. 그러면서 '두 개의 100년(两个一百年/Liang ge yi bai nian)'이라는 목표를 제시한 것이다.

2021년 7월 1일 중국 공산당 성립 100주년 모두가 먹고살 만한 나라 샤오캉(小康)사회의 달성, 2049년 10월 1일 중화인민공화국 건국 100주년 따통(大同)사회 '중국몽'의 실현이다.

시진핑 주석은 이 목표 달성을 위해 주석으로 취임을 한 2013년 3월부터 **'국유경제로 정부의 주도적인 역할'**을 지속 강조했다. 이는 국가발개위의 역할이 강화된 배경이기도 하다. 국유기업은 중국 특색 사회주의의 중요한 물질적, 정치적 기반이자 당의 통치와 국가 부흥을 위한 핵심축과 힘으로 국유기업을 통해 자립경제를 모색하자는 것이 핵심 취지이다.

이 때문에 2013년 이후에는 외자기업 단독 비즈니스를 하기보다는 국영기업과 협력해서 사업적 위기나 기회가 있을 경우 국영기업과 함께한다는 신뢰성으로 중국 정부로부터 직간접적으로 여러 도움을 받을 수 있게 된 것이다.

시진핑 주석이 왜 '중국몽'이라는 사상 이념적 목표를 제시하고 글로벌 환경이 어려워진 지금, 팽창주의의 수정 없이 글로벌 내에서 고립을 자초하는 것일까?

그 정치적, 역사적 배경도 살펴봐야 한다.

시진핑 주석은 1953년 6월 15일 태어났다. 아버지는 시중쉰으로 공산당의 혁명 원로로 부총리까지 역임한 인물이다. 1960년대 반당(反党/Fan Dang)사건으로 산시성의 오지로 귀양도 살고 문화대혁명의 반대로 실각도 하였다.

시중쉰은 재혼한 아내 치신과 전처의 자녀까지 합해서 3남 4녀를 두었고 시진핑은 여섯째였다. 문화대혁명 시기 이복 누나가 '반동의 딸'로 몰려 홍위병에게 구타를 당한 후 자살을 하였다. 반당 사건으로 인해 16살부터 산시성의 토굴에서 어렵게 생활하다가 문화대혁명이 완화된 1973년 공산당에 입당하고 1975년 칭화대 화공과에 입학하였다. 1976년 마오쩌둥(毛泽东/Mao ze dong) 사망 후 집권한 화궈펑 정권이 정치적 입지 약화로 1979년 당시 부총리였던 덩샤오핑(邓小平/Deng xiao ping)에 의해 실각하였고 약 16년간 반당, 반동으로 몰렸던 시중쉰이 이 시기부터 당 고위직으로 복직하게 되었다.

그러면서 시진핑은 중국 공산당 원로 자녀들의 정치적 집단인 '태자당(太子党)'에 들어갈 수 있게 되었다. 그리고 칭화대를 졸업하고 1979년부터 중앙군사위원회 판공청 비서를 3년간 수행하게 되는데 이런 경력으로 인해 정치적 입지와 군부의 군사적 위치까지 탄탄하게 할 수 있게 되었다.

중국에서 정치적, 군사적, 행정적 권력을 쟁취하려면 중국 공산당 총서기, 중앙군사위 주석, 국무원 총리까지 세 위치를 차지해야 전체 국가 주석으로서의 기능과 권한이 강해질 수가 있다.

덩샤오핑은 1989년 천안문 사태 이후 후계자로 장쩌민을 지명을 했는데 장쩌민은 상해교통대학(난징중앙대학이 상해교통대학으로 통합)

출신이면서 1980년대 상해시 당서기 출신으로 그 무렵 상해시장 출신의 주룽지(朱鎔基) 전 총리와 정치적인 동반자로서 '상하이방(上海幇)'이라는 정치적 파벌을 만들었다.

이후 시진핑의 정치 경험 중 2007년 상해시 당서기를 지내면서 장쩌민, 주룽지의 상하이방과도 관계가 양호하게 되어, 이후부터는 태자당과 상하이방 양쪽에서 정치적 지지를 받게 된 것이다.

중국에는 정치적으로 앞서 말한 공산당의 혁명 원로 자녀 출신의 '태자당'과 장쩌민을 중심으로 한 '상하이방', 1920년 공산당 창당부터 중국 공산당의 인재 양성소 역할을 하는 중국공산주의청년단이라는 명칭의 '공청단(共青团)' 출신의 세 파벌이 있다.

덩샤오핑은 상하이방인 장쩌민(江泽民/Jiang ze min)을 사후 후계자로 지목하면서도 정치적 균형의 조건으로 장쩌민 주석 집권 후에는 공청단 서기 출신의 공청단 대표 파벌인 후진타오(胡锦涛/Hu jin tao) 주석이 장쩌민의 뒤를 잇게 하는 조건을 내세운 것이다.

하지만 장쩌민은 후진타오 주석에게 자리를 물려줄 때 당시 국무원 상무위원 9명 중 6명을 상하이방 인원으로 채웠다. 중앙군사위원회 주석직도 후진타오에게 주지 않고 본인이 지속적으로 군사위 주석에 남아 있으면서 완전한 정권 이양을 하지 않았다. 후진타오를 반쪽짜리 주석으로 만들고 실세 위치를 계속 고수한 것이다.

2003년 주석직에 오른 후진타오는 이후 시진핑의 성장에 많은 협조를 하면서 상하이방의 일원을 하나씩 정치적 숙청을 하면서 공청단의 입치를 굳히게 되었다.

이런 정치적 배경으로 시진핑은 2013년 3월 14일 국가주석에 오르게 되면서 당위원회 주석, 국무원 주석과 함께 중앙군사위원회 주석직까지 상하이방, 공청단의 후원을 받으면서 세 가지의 요직을 한꺼번에 맡게 되어 완전한 권한을 갖는 국가주석이 된 것이다.

현재도 공산당 내부에는 태자당과 상하이방, 공청단 파벌이 존재한다. 이제 정치적 실권은 시진핑 주석의 천하가 되었지만….

경제통으로 유명한 리커창(李克强) 국무원총리도 공청단 출신으로 후진타오가 주석직 후계자로 밀었으나 막강한 상하이방 세력에 의해 견제당했다. 결국 태자당과 상하이방 양 세력의 후원이 강력하였던 시진핑이 국가주석이 된 것이다.

중국의 경제, 행정 관련해서는 시진핑 주석의 견제 역할을 리커창 총리가 하고 있었다. 하지만 리커창 총리도 2013년부터 10년 임기가 종료되는 2023년 3월 14일을 마지막으로 물러나게 되었다. 20차 당대회 이후 공청단 출신의 모든 세력이 상무위원에서 배제되었다. 상하이방 세력은 80~90세의 노령화로 자연스럽게 퇴출되었다. 결국에는 2022년 11월 30일 96세로 장쩌민 전주석까지 별세하였다.

이전 19차 중국 최고 상무위원은 시진핑을 포함한 7명으로 서열 2위인 리커창을 제외하면 시진핑 계파는 서열 3위 리잔수, 5위 왕후닝, 6위 자오

러지이다. 서열 4위인 '왕양'은 후진타오 상하이방 계파, 7위인 '한정'은 장쩌민 계파로 상무위원과 정치국위원 중 시진핑 주석 후임으로 선정할 인물도 적었고, 태자당, 상하이방, 공청단의 후원을 모두 받고 권력을 이양받을 수 있는 인물을 선택하기는 더욱 쉽지 않은 상태였다.

[중국 공산당 권력구조]

중국 헌법에 규정된 국가주석의 임기는 헌법 79조상으로 '중화인민공화국 국가주석과 부주석의 매회 임기는 전국인민대표대회의 매회 임기와 같아야 한다. 임기는 연속으로 두 번을 초과할 수 없다'라고 규정되어 있으며 1회 임기를 5년으로 하고 있다.

다만 1회 이상을 보통은 연임하기에 10년을 한 정권이 임기를 유지할 수 있다. 현재 제20차 당대회에 지명된 상무위원들은 2027년까지 1차 임기를 마치고 다시 5년을 연임할 가능성이 있는 것이다. 실제 장쩌민, 후진타오 정권도 연임을 하였다.

시진핑 주석의 경우 2018년 2월 공산당 중앙위원회에서 헌법 조항 중 '임기는 연속으로 두 번을 초과할 수 없다'라는 제한 부분을 삭제함으로써 2013년 3월 15일부터 2023년 3월 14일까지인 임기 이후 재연임 할 수 있게 된 것이다. 그리고 2022년 10월 진행된 20차 공산당 당대회에서 결국은 재연임하게 되었다.

국가주석으로 권력을 잡게 된 정치적 배경부터가 정치적 숙적과 갈등의 요소를 제거해 나가면서 '중국 특색의 사회주의' 기치하에 통합되는 과정에서 시진핑 집권이 강화되었다. 결국은 쉬자쥔(习家军/Xi jia jun)이라 불리는 시진핑의 가신들로 상무위원이 채워졌다.

사상적 이념인 '중국몽'이 팽창주의라는 비판을 받으면서도, 세계적 고립을 자초하면서도, 독재라는 국제적 비판에 재연임까지 하면서 실현하려는 것은 다시 정치적으로 분열될 수 있는 중국의 현재 정치적 불안정을 반영한 것이라고 볼 수 있다. 지속적으로 중국의 정치적 통합을 유지하고 분열을 막으려는 목적이라고 볼 수 있는 것이다.

중국의 모든 권력은 14억 인민에게서 나온다기보다는 마오쩌둥이 애기한 대로 '총구에서 권력이 나온다'는 것처럼 정치적 총구인 중국 공산당원 약 9천 5백만 명에서 나온다. 중국은 '중국 공산당'이 국가권력을 지배하고 있다. 중국도 헌법은 있어 중국 공산당의 존재를 인정하고 있다.

2021년 7월 중국 공산당 100주년으로 공개된 공산당의 구성 현황 통계발표가 있었다.

중국 공산당 조직은 총 486만 개로 2019년 말 대비 18만 개가 순증하였다. 지역 당 위원회는 27만 개, 지부는 31만 개이고 총 당원 수는 9,514만 명이다.

당원의 성별, 민족, 학력을 보면 여성 당원은 2,745만 명으로 총 공산당원의 28%를 차지하고 있다. 한족이 아닌 소수민족 당원의 경우 713만 명으로 7.3%이다.

학력별로는 대학 이상 졸업자가 4,951만 명으로 52%에 달한다.

연령분포상으로 보면 30세 이하의 젊은 당원이 1,255만 명, 31~40세의 중년 당원이 2,051만 명, 41~50세 1,814만 명, 51세~60세 1,700만 명, 61세 이상이 가장 많은 2,693만 명이다. 40세 이하의 나름 젊은 공산당원이 3,306만 명으로 3분의 1이 넘는다.

공산당원의 신청인이 2021년에만 2천만 명에 달하고 있어 곧 1억 명이 넘을 것으로 보인다.

장쩌민 정권부터 시작된 신애국주의가 젊은 공산당원들 중심으로 결집 강화의 동력이 되고 있는 것이다.

중국 헌법 1조에 '중국은 노동자 계급이 영도하고 노동동맹에 바탕을 둔 인민민주 독재하에 사회주의 국가이다' 라고 되어 있다.

2조와 3조에서도 '모든 권력은 인민에게 속한다. 인민이 행사하는 국가 권력의 기관은 전국인민대표대회와 지방 각급 인민대표대회이다', '전국인민대표대회는 최고의 국가권력기구이다' 라고 하여 결국에는 공산당원 중 선발된 대표자가 국가 권력의 최상층에서 14억 인구를 이끌어 가는 구조라는 것을 뒷받침하고 있다.

1954년부터 출범한 '전국인민대표대회'가 우리나라의 국회와 유사한 입법기구라고 하지만 명목상의 국가최고권력기구이다. 헌법, 기본 법률의 제정과 개정, 예산안 의결, '국가주석', '부주석', '중앙군사위 주석', '최고인민법원장', '최고인민검찰원장', '전국인대 상무위원회 위원장' 등 주요 고위직을 선출하고, 국가주석의 제청에 따른 총리의 인준, 총리의 제청에 따른 국무위원 및 부장의 인준, 중앙군사위원회 주석의 제청에 다른 부주석과 위원을 인준한다.

2018년 3월 전국인민대표대회(전인대) 3차 전체회의와 2월 중앙위원회에서 개정한 '국가주석 임기 제한 철폐' 개헌안이 99.8% 찬성의 통과로 개헌된 것을 보아도 공산당의 단일체제하에 헌법까지 개정하는 독재적 방식으로 운영된다는 것을 극명하게 보여 준다.

중국 공산당이 가장 두려워하는 것은 '중국의 분열'이다. 수천 년간 중국 대륙은 분열되고 통합되고 다시 분열되는 반복의 과정을 겪었고 그 과정에서 수많은 인민과 국부의 손실을 입은 경험이 있다. 다른 나라도 마찬가지이겠으나 '하나됨'과 '통합'이라는 것에 상당히 중요성을 부여하고 정치적, 사회적으로 분열되는 것을 극심히 경계하고 있다.

시진핑은 이런 역사적, 정치적 상황을 잘 알고 있으며 두려워하고 있는 것이다.

'중국몽(中国梦)'은 시진핑과 중국 공산당의 역사적, 정치적 판단에 의한 사상적 통합 이념으로 중국의 내부 분열을 막기 위한 이념으로 반드시 실현을 하고 추구해야만 하는 것으로 중국 사회주의의 궁극적 목표로 여겨진다.

수많은 비판과 시행 오류를 범하면서도 수정하지 않는 이유이다.

과연 실현을 할 수 있을지는 미지수이다.

중국 정치에서 언급되는 한자어가 있다. '칠상팔하(七上八下/Qi shang ba xia)'

67세는 중국 공산당 정치국 상무위원회에 진입할 수 있지만 68세는 진입할 수 없다는 것이 중국 공산당의 관습이다. 국가주석을 포함한 상무위원 24명은 매 5년마다 열리는 중국 공산당 당대회를 시점으로 만 67세이면 공산당 정치국 상무위원이 될 수 있지만 만68세 이상이 되는 간부는 은퇴를 하게 된다. 물론 '칠십봉정(七十封顶/Qi Shi Feng Ding)'이라는 예외 규칙도 있긴 하다. 이전 69세인 주룽지 총리를 임명한 사례가 있을 뿐이다.

60~70년대생의 정치 입지가 굳혀져 있는 현재 상황에서는 기성 정치 세대인 50년대생은 대거 은퇴를 하게 되었다. 시진핑의 가신들로 상무위원이 채워지긴 했지만 시진핑 이후에는 다시 정치구도에 의한 분열이 어느 정도 예견된다.

최선의 선택은 있다.
하지만 완전하고 지속적으로 좋은 결과를
보장할 수 있는 최종 선택은 없다.
선택 이후에도 상황의 변화에 따라
선택의 당위성도 변하고 결과도
예측과는 다르게 변한다.
다시 주어진 선택지에서 재선택을 해야 한다.
결과의 변화가 두려워 선택지를 회피해서는 안 된다.
회피는 당신이 앞으로 해야 할
목록에는 없는 단어이다.

중국은 변화된 상황을 인정하고 다시 세계 공존 번영의 큰 틀에서 '더 디 가도 함께하는…' 공존 번영의 꿈으로 수정을 해야 한다.

SITUATION 7
중국의 지식재산권(知识财产权)

중국에 대한 일반적인 인식 중 하나는 지식재산권(知识财产权/Zhi shi cai chan quan) 보호 측면에 있어서 블랙리스트 국가, 모방과 짝퉁의 천국이라는 것이다. 실제 뉴스에서도 유명 브랜드의 이미테이션, 모조품이 유통 판매되어 적발되는 현장 영상을 접한 적이 한두 번이 아니다 보니 그 오명이 실제라고 믿을 수밖에 없다.

내가 과거 한국에서 근무 시에 IP(Intellectual Property) 캐릭터 컬래버레이션으로 헬로키티, 디즈니, 마블, 뽀로로 IP 라이센스 계약을 직접 진행한 경험이 있다.

IP 라이센스 업체들은 스스로의 캐릭터 가치와 이미지를 지키기 위해서 지식재산권을 잘 가이드하고 라이센스 사용 계약을 한 업체들에는 디자인 가이드 교육 및 적용되는 제품의 영양 정보 가이드, 사용처와 사용 범위, 사용 기간까지 두꺼운 책자에 가까울 만큼 세밀한 내용이 적힌 계약서와 약정서를 작성하게 한다.

디즈니&마블의 경우에는 어린이의 성장에 반하는 영양 성분이 있는 경우 사용을 금지하는 조항까지 있고 생산하는 공장의 노동자의 근로 환경과 안전과 복지 수준, 근로 시간까지 외부 3자 검사를 통해 검사 결과를 통해 계약을 해도 좋을지를 지속적으로 점검하고 파트너로서 적합한지 세심하게 본다.

제품 개발단계에서도 디자인 데이터 마트에서 변형 없이 디자인가이드에 따라 캐릭터와 로고가 적용되었는지도 감수를 한다. 제품의 개발 후에도 샘플을 제작하고 그 샘플이 해당 캐릭터 IP 가이드에 맞는지 확인 후 최종 승인하고 출시한다.

내가 겪어 본 디즈니사의 이런 철저한 IP관리 프로세스는 미국의 디즈니 본사의 검증 절차나 디즈니코리아의 실제 계약 과정, 검수 과정을 볼 때 파트너사로서 믿음감이 느껴졌다. 글로벌 표준 계약서상에서 독점 계약 조건이란 없지만 디즈니코리아의 경우 동일 업종의 계약서상 명기된 카테고리는 타 경쟁사에 절대적으로 이중 계약을 하는 일이 없고 파트너사의 라이선스 사용의 권익을 철저하게 존중하고 지켜 주었다.

하지만 중국에서 디즈니차이나의 경우는 다른 경험이었다.

2014년 겨울 디즈니차이나 본사 사무실이 있는 상해 신천지(新天地/Xin tian di) 사무실에서 만나 본 디즈니차이나는 처음에는 한국에서의 인상만큼 좋은 인상이었다. 프로세스나 표준 계약서, 약정서, 외부 3

자 검사 등 동일하게 적용되어 동일한 신뢰감을 느꼈다. 하지만 캐릭터 적용이 가능한 제품의 카테고리를 이상할 만치 작은 범위로 쪼개서 한국과는 다르다는 느낌을 받았다. IP 라이센스 사용 로열티도 한국 대비 비싼 것은 시장의 규모 때문이라고 합리적으로 생각하려 했고 사용 범위도 역시 시장 규모로 인해 한국보다는 더 세분화된 것이라고 생각했다.

문제는 라이센스 계약이 안 된 업체에 대한 시장 내 IP 라이센스 관리와 단속이 거의 안 되고 있다는 점이다. 파트너사의 권리가 시장에서 보호되도록 철저한 IP 관리를 하지 않는다. 중국에서 수많은 외자업체들이 지식재산권 관련하여 불만을 가지고 있는 부분이다.

IP 캐릭터의 디자인상 원래의 디자인과 약간의 차이가 있거나 그래픽의 경우 직접 디자인파일 소스를 사용한 것이 아닌 직접 그려서 약간의 차이를 두면 단속을 할 수 없는 허술함이 있다.

왜 중국은 상표권이나 디자인 의장등록 등 IP 지식재산권 관리가 허술할까?

그 역사적 배경을 살펴볼 필요가 있다.

중국 최초의 지식재산권 관련 법안은 1950년에 시작되었다. 중화인민공화국 수립 1년 만에 생각보다는 빨리 시행이 되었는데, 이유는 당시 건국 후 지식인, 기업인들의 정치 참여와 국가 건설에 적극적으로 동참시키기 위한 것이었다. 하지만 실제 등록된 지식재산권 등록 건수는 1958년까지 4건에 불과했다고 한다.

재산권의 사적 사유라는 것이 제한된 사회주의 국가에서 지식재산권의 행사가 국가의 태생적으로 쉬운 부분이 아닌 것이다.

현재 전 세계적으로 많은 인기를 끌고 있는 가상화폐와 NFT의 경우에도 중국에서 유독 잠잠한 이유는 '가상재산의 사적 소유 금지 정책' 때문이다.

중국 지식재산권 법안은 최초의 사회주의 국가인 구 소련의 관련법을 모방하였다.

공동생산, 공동분배의 원칙으로 생산된 재화나 재산은 공산당의 소유인데, 지식재산권이라는 법안 자체는 존재를 하되 실행을 하는 데는 사회주의 사상적 이념에 반(反)하기 때문이다.

사적 재산권이 엄격히 보호되지 않는 사회주의 체제의 한계도 있지만, 중국에서는 구 소련에 비해서도 대약진 운동(1958~1960년), 문화대혁명(1966~1976년)의 암흑기를 거치면서 반 지식인 정서가 조성되어 공산주의 이념이 철저한 '홍위병(红卫兵/hong wei bing)'들에 의해 위축되었기 때문이다. 실제 대약진 운동 기간에는 명목상으로 존재만 하던 발명특허 보호에 관한 규정도 폐기되었다.

이후에도 문화대혁명이 진행되면서 지식재산에 대한 보호와 개념은 중국에서 자리 잡기 어려웠다.

지식재산권 관련 법령이 다시 재정립되기 시작한 것은 1978년 덩샤오핑 정권이 탄생하고 개혁개방 정책을 추진하면서부터이다.

문화대혁명기 숨어 있던 지식인들이 다시 개혁개방 활동에 동참하고 정치적으로 복귀하면서 시장 개혁을 위한 여러 법령이 재정비되었다. 1979년 미국과의 무역도 정상화되면서 지식재산권에 대한 보호 강화를 약속하게 되었다. 중국 경제 성장의 필수 조건으로 미국의 요구와 압박으로 지식재산권의 법적 보호 장치와 실행안이 단계적으로 마련되었다.

하지만 바로 법안이 세워지지는 못하였고 1983년에 들어서야 '중화인민공화국 상표법'이 시행되었고 2년 후 '중화인민공화국 특허법'이 시행되었다. '중화인민공화국 저작권법'은 한참 늦은 1991년에나 시행되었다. 법안을 마련하였으나 실제 법령을 경제와 사회에 안착되도록 관련 실무 규정과 관리가 잘 되지는 않았다.

현재 중국 정부의 방식이지만 중앙정부의 법령은 있으나 지방정부의 행정관료와 당위서기의 의지에 따라 다르게 적용될 수 있었다. 실제 지방정부에서는 관련된 지식재산권을 보호하는 것이 적극적으로 집행되기 어려웠던 것으로 보인다.

그 근거로는 1993년 개정된 중화인민공화국 특허법 제5조에 '중국의 법을 위반한, 사회적 윤리에 반하는 발명과 특허에 대해서는 특허 등록을 거부할 수 있다'라고 규정되어 있기 때문이다. '사회적 윤리'라는 말이 사회주의 국가로서 민주주의 사회에서는 통용되지만 사회주의 체제에 위배되는 것들은 보호를 받을 수 없다는 해석이 가능하다.

상표권에 관해서도 '저명(驰名/Chiming) 상표제도'는 사실상 중국 기업만을 위한 것으로 운영이 되고 저명 외국 상표에 대한 보호 조치는 미흡한 편이다.

세계무역기구인 WTO에서도 중국의 상표권과 라이선스에 관한 규정이 표준 규정에 부합하지 않는다고 지적한 바도 있다.

중국 정부도 외자기업의 투자 유치를 통해 경제성장을 해야 하는 상황에서 사회주의 사상적 이념을 지키되 지식재산권을 보호할 수 있는 방안을 상무위원회에서 논의하였다. 2001년 제 2차 지식재산권법 개정을 통해 명목상이나마 WTO의 관련 규정에 부합하는 개정안을 선포하였다.

사회주의 사상에 기반한 서구 민주주의의 개념인 지식재산권은 존립 자체가 어려운 상황에서 중국 내에서의 운영 역사도 짧아 많은 문제점을 안고 있다.

중국 사회 특색에 의한 지식재산권 보호의 어려움은 지방분권화에도 있다. 구 소련이나 기타의 사회주의 국가와는 다르게 중국은 지방분권적인 행정, 경제체제를 갖추고 있다. 과거 계획경제체제하에서도 생산 및 분배에 대한 계획과 통제가 각 지방정부에서 나름의 재량권을 가지고 있기 때문이다.

지방분권적 체제는 '권한의 하향 이양'이라는 덩샤오핑의 개혁개방 정책 이후 더 심화되었다. 지식재산권법의 집행에 있어서 지역마다 서로 다른 이해관계를 갖고 있다. 특히 이미테이션, 모방품이 많은 지역에서는 생산에서 차지하는 비중이 높아 관련된 경제활동 인구로 인해 지방정부가 단속을 소극적으로 하는 경우가 많았다. 생산 경제와 실업문제, 즉 먹고사는 문제로 인해 지역의 관할 법원이 보호 관련 법적 분쟁이 발생할 경우 지방정부의 회피로 인한 상반된 판결을 선고하는 경우도 있다는 것이다.

중국 정부도 이런 상황을 잘 이해하고 있는 것으로 알고 있으며 외자 기업의 지속적인 불만 제기와 무역의 분쟁 속에서 국무원 직속 산하 기관으로 '국가지식산권국'을 기존 '특허국'에서 개편하여 특허심사, 등록, 특허정보시스템의 구축, 지식재산권 관련 정책의 수립과 법률 초안 작성, 규칙의 제정, 지식재산권 관련 외국과의 협상 및 협력을 맡아 관련 업무를 주관, 강화하려고 하고 있다.

문제는 지식재산권법의 집행과 실질적 업무로 관련된 '세관'이나 '질량감독국', '공안국' 등 정부기관 사이에 책임과 권한의 소재가 불분명한 경우가 남아 있다.

최근 지식재산에 관련하여 사회주의적 사상 이념과는 별개로 국내외 기업 활동의 근간이라고 판단해서인지 상표권과 지식재산권에 대한 보호의 의무를 회피하는 경향은 적어지고 있다.

실제 악독 상표 브로커의 활동이 가장 최근까지도 활개를 치며 우리나라의 유명 상표뿐만이 아닌 외국의 유명 상표까지 미리 사전 등록을 해 놓고 낮은 가격에 중국에 진출하는 기업에 오히려 팔아먹는 일이 있었으니 지식재산권 보호는 아직도 가야 할 길이 멀다.

인생의 선택지에 있어 허울만 좋고
명목뿐인 선택지도 있다.
그런 선택을 한 결과는 허상,
허위의 결과를 초래한다.
선택지에서도 거짓과 참, 명목과 실질을
가려내는 경험에 의한 안목을 길러야 한다.
그리고 그 안목에 의해 선택한 결과는
'노력과 약간의 운'이라는 첨가물이 더해져서
'보상'이라는 견실한 결과물로 나타나는 것이다.

중국 정부는 '명목뿐인 지식재산권'이라는 단면처럼 사회주의 이념의 유지 보존과 경제발전이라는 두 과제에서 동전의 양면처럼 양면이 모두 위로 향할 수 없는 모순을 가지고 있다.

동전의 한쪽 면이 위로 향한다면 다른 한쪽 면은 바닥으로 향해 있을 것이다.

SITUATION 8
중국의 메타버스(Metaverse)와 NFT

　중국 주재원으로 상해에 도착하자마자 카카오톡이 잘 되지 않아서 당혹스러워하며 애를 먹었던 경험이 있다.

　이후 중국 3대 이동통신사의 하나인 차이나유니콤(中国联通/China Unicom/Zhong guo lian tong)에 정액요금서비스 유심으로 변경하고 나서는 카카오톡이 아예 접속 자체가 되지 않았다. 직원들의 도움으로 한국인 거리인 상해 홍췐루의 한 대리점에서 VPN을 구입하여 핸드폰에 앱(APP)을 구동한 후부터는 안 되던 카카오톡과 페이스북, 인스타그램이 가능하게 되었다. 속도가 한국보다 현저하게 느려 당시 4G라고 선전하고 있었지만 3G만도 못한 속도로 VPN으로 접속해도 느린 속도로 속이 터질 지경이었다. 현재도 5G로 운영된다고 업그레이드되었지만 역시 한국보다 느린 속도의 인터넷과 도시 내에서도 접속이 잘 안 되는 곳이 아직 있을 정도로 인터넷의 사정은 좋지 않다. 한국과 중국 간의 소통은 주로 웨이신을 통해서 할 때 그나마 원활하다.

'만리장성 방화벽(Great Fire Wall)'이라는 말을 많이 들어 봤을 것이다. 중국에서 인스타그램, 페이스북, 구글, 트위터 그리고 카카오톡까지도 외국의 많은 인터넷사이트와 앱(APP)들이 일반적인 다운로드와 접속도 안 된다.

사회주의 사상에 위협적인 요소가 되거나 일부의 경우 중국 내의 IT산업과 경쟁되는 것은 자국 기업 보호를 위하는 부분도 있어 VPN을 통하지 않고는 다운로드는 물론 접속도 하기 어렵게 차단을 하고 있다.

'만리장성 방화벽'의 최초 시작은 1998년부터 시작된 국가 사이버 보안 프로젝트인 '골든 쉴드 프로젝트(Golden Shield Project)'로 인터넷상의 방화벽 구축을 2003년에 1차 완성을 하였고 여기에 스마트폰 등장의 환경 변화로 추가 강화된 그레이트 파이어월 오브 차이나(Great Firewall of China) 프로젝트가 2006년부터 시행된 것이다. 지속적인 업그레이드 이후 실제 적용은 2009년 천안문사태 20주년 기념일을 앞두고 당시 움트고 있었던 신장 지역의 인권유린 문제 등 사회불안정을 조장할 수 있는 내국의 뉴스가 해외의 사이트를 통해 전 세계에 확대 공유되는 것을 막기 위해서이다. 페이스북, 트위터, 구글 등 당시의 해외 SNS 플랫폼을 막기 시작한 것이다.

사회 환경적 변화로 중국 내 스마트폰 보급이 되기 시작되면서 손쉽게 내국의 뉴스들이 외부로 확대되거나 외부 세계로부터 걸러지지 않고 들어오는 사회주의 사상에 인민들이 여과 없이 노출되는 상황을 막기 위해 차단은 지속 강화되었다.

차단만 되는 것이 아니라 외국으로 접속 시 인터넷 속도를 의도적으로 저하시키는 기능과 외국 기업이 개발한 인터넷 툴(Tool)의 사용을 제한하고 외국 IT기업에 대한 중국 보안규제를 강제 적용하는 등 그 범위가 확대되었다.

외국 IT기업이 중국 내에서 서비스를 하려면 중국 내에서 법인을 설립하고 중국 버전을 별도로 만들어야 한다. 글로벌 IT기업의 경우 결론적으로 중국 비즈니스를 포기할 수밖에 없는 상황을 만든 것이다. 2021년 Yahoo가 중국 법인을 철수하고 서비스를 완전 중단한 이유도 경쟁기업인 바이두(Baidu/百度)와 경쟁력의 차이를 좁힐 수 없는 기업 경쟁 환경의 한계가 있었기 때문이다.

중국 내 기업도 외국 버전은 별도로 만들어야 해서 자국 기업에도 동일한 규정을 적용하고 있다. 대표적으로 중국의 즈지에티아오똥(字节跳动/Bytedance/Zi jie tiao dong)의 틱톡(Tiktok)은 해외 글로벌판 버전이고 중국 내부 버전은 또우잉(Douyin/抖音)으로 부르는 명칭도 플랫폼 버전도 다르다. 첫 화면에 글로벌 버전은 첫 화면이 'Tiktok'이고, 국내 버전은 'd', '抖音'이라는 첫 화면부터도 다르다.

이런 환경에서 미국이나 우리나라에서 떠들썩했던 '메타버스'나 'NFT'는 중국 내에서 어떤 상황일까?

결론부터 얘기하면 중국에서 '메타버스'는 2022년 상반기 기준으로 아직 상업적인 서비스가 없는 상태이다.

중국에서 메타버스의 명칭은 으뜸우주, 첫 우주라는 뜻의 '원우주' '위엔위저우(元宇宙/Yuan yu zhou)'라고 한다.

인공지능(AI), 증강현실(AR), 가상현실(VR) 등 IT적 기술 측면에서는 상당 수준의 기능성으로 상업화된 서비스가 많은 상태이다. 일반 쇼핑몰에서도 아이들 놀거리인 가상현실 VR 놀이기구가 곳곳마다 설치되어 상업적으로 운영 중이고 몇 년 전부터 책, 상품 패키지에 증강현실(AR)이 적용된 볼거리를 선보인 기업들도 많다. AI의 경우에는 이미 한국과 동일하게 AI 아나운서나 기타 치는 AI 가상인간이 동일한 수준으로 나와 있는 상태이다.

다만 메타버스의 경우 그렇다 할 베타버전 서비스도 없는 상태인데, 관심도가 낮은 상황은 아니다.

바이두 포털에서 '위엔위저우(元宇宙)'를 검색하면 각종 세미나와 생방송, 학습자료, 학습 앱(APP)으로 메타버스에 대한 강의와 설명 자료들이 빼곡하고 학습 열기는 상당히 뜨겁다.

IT기술적인 측면에서는 이미 텐센트, 텅쉰(Tencent/腾讯/Tengxun)이 로블록스(Roblox/罗布乐思/Luo bu le si)의 중국 내 권리를 보유 중이고 메타버스 플랫폼에 대한 투자 개발을 진행 중이다. 틱톡(Tiktok), 또우잉(抖音)을 운영하는 바이트댄스(Bytedance)도

가상현실(VR) 헤드셋 제조사인 피코(Pico)사를 인수하여 가상현실 기반의 메타버스 플랫폼을 교육 콘텐츠 테마로 개발 진행 중이다. 또한 2022년 1월에 메타버스 기반의 SNS플랫폼 '파이퇴이따오(派对岛/Pai dui dao)'라고 베타버전을 출시하였다.

이 밖에도 알리바바그룹, 게임업체인 넷이즈 왕이(网易/Wang yi), 화웨이, 바이두, 하이센스까지도 메타버스 플랫폼 또는 기존 사업과의 연계 사업을 추진 중이다. 이 중에서 알리바바그룹은 1천만 위안을 투자한 100% 출자 자회사를 설립하여 메타버스 소프트웨어, 컴퓨팅 시스템 서비스, 연출 매니징 사업 영역을 준비 중이다. 2022년 베이징 동계 올림픽에서는 클라우드 기술을 기반으로 가상의 디지털 인플루언서 '동동'을 선보이고 알리바바와 타오바오 쇼핑몰에서도 활용을 하고 있다. 중국 포털 바이두의 경우에도 2021년 12월 '희망이 땅'이라는 뜻의 중국 최초의 메타버스 서비스 '시랑(稀壤/Xi Rang)' 베타버전을 출시했다. 아직은 초기 단계라서 완전한 상업용으로 출시까지는 많은 시간이 걸릴 것으로 보인다. 많은 중국 내 IT 관련 기업들이 이미 메타버스 플랫폼에 대한 시장성을 예측하고 준비를 하고 있다.

모건스탠리의 중국 메타버스 전망보고서에서도 중국의 메타버스 잠재 시장 규모를 52조 위안(약 8조 달러/ 한화 약 9,620조 원)의 거대한 시장 규모로 예측을 하고 있다.

다만 메타버스의 등장이 5G 기술의 상용화처럼 정보기술발달과 인터넷망과 같은 인프라가 같이 진척이 되어야 한다. 현재의 인터넷 속도로는 제대로 된 메타버스를 구동 운영하기는 어렵고 개발 기간을 고려해도 본격적인 상용화는 3~5년의 시간이 필요할 것으로 보인다.

메타버스 플랫폼의 방향성이 중국은 또 다른 차이점을 보일 것으로 예측이 된다. '칭링정책'에 의한 비접촉(Untact) 생활이 지속되고 중국 정부가 전인대의 정책과제로 도시와 농촌을 잇는 5G 인프라 구축을 선포하였다. 이를 기반으로 한 농촌 경제의 활성화로 현재도 활발한 공동구매, Live e-commerce(直播/Zhi bo)의 업그레이드된 메타버스 플랫폼이 나타날 것으로 예측된다. 또한 2022년부터 인구 절벽에 진입한 중국이 자녀 제한 정책을 모두 해제하고 육아에 드는 비용이 가장 큰 사교육 철폐까지 한 상황에서 온라인 비대면 교육 플랫폼 개발은 또 다른 과제로 남아 있다. 세계 최대 사교육 기업인 신동방그룹까지 10만여 명의 강사를 해고하고 온라인상으로 농산물 공동구매를 하면서도 온라인 강의 가능 인원 1만 명을 남겨 둔 것을 보아도 향후 중국에서는 온라인 비대면 교육 플랫폼이 메타버스 플랫폼의 형태로 진화할 것으로 예측된다.

사교육 철폐로 가상현실(VR) 활용 교육콘텐츠 사업과 플랫폼 시장이 커지고 증강현실(AR)은 기업과 브랜드의 체험관, 온라인 쇼핑, 라이브 커머스로 연계 개발될 가능성이 크다.

이미 중국 내 기술기업 1,360여 개 기업이 메타버스, 위엔위저우(元

宇宙) 관련 상표권도 출원하여 출원건수가 2021년 연말을 기준으로 8,534건이나 달한다.

과열된 상황을 반영하듯 이미 정부 차원에서도 중앙은행보험감독위원회(CBIRC)에서도 위엔위저우(元宇宙) 관련 불법 투자 자금 모금, 신용사기 위험성명을 2022년 2월 18일 인민일보를 통해 발표까지 하였다. 그 내용에는 더욱 구체적으로 '비디오게임, 인공지능, VR 관련 투자 사기 위험 경고', '고수익 보장 메타버스게임 투자 참여 위험성 경고', '메타버스 내 가상부동산 투자 참여 사기 위험성', '메타버스상 가상통화 거래 위험성 경고' 등 구체적인 사례를 들고 있어 여러 실사례들이 과열된 상황을 대변하였다.

2021년 세계적으로 뜨거운 화제였던 'NFT(Non Fungible Token)'의 경우 중국어로는 '페이통즈화따이삐(非同质化代币/Fei tong zhi hua dai bi)'라고 지칭했다. 바이두 포털사이트의 용어 정의로는 '디지털 자산을 나타내는 데 사용된다. 암호화된 토큰으로 가상화폐로 거래되고 있다'라고만 되어 있다.

중국에서도 NFT를 거래할 수 있는 플랫폼으로 'NFT China'가 운영 중이며 이더리움(ETH) 가상통화 기반으로 개인 간 예술품 중심 중고 거래가 가능한 상태이다. 또한 텐센트(腾讯)의 '환허(幻核/Huan he)', 앤트그룹의 '마이NFT(蚂蚁NFT/Ma yiNFT)'도 있다. 알리경매(阿里

拍卖/A li Pai mai)라는 예술품과 e스포츠 작품 등의 IP 저작권을 판권 구매할 수 있는 비영리 목적의 플랫폼도 있었으며 세계최대 NFT거래 사이트인 'Opensea'는 VPN으로 접속 및 거래가 가능하다. 동계올림픽 마스코트인 '빙뚠뚠NFT' 500개도 판매 30분 만에 매진되었다는 뉴스도 있었고 중국 국영NFT 플랫폼이 2022년 3월 중 정식 출시 예정이라는 뉴스도 있었다.

하지만 2022년 4월에 텅쉰과 앤트그룹의 NFT 플랫폼에서 NFT라는 단어는 모두 '디지털 소장품(数字藏品)'이라는 단어로 모두 대체되었다.

거래의 기반인 이더리움 지갑은 VPN으로 다운로드 가능하지만 인민폐로 충전이 불가능하다.

무언가 엇박자가 상당히 많다.

중국의 NFT는 현재 질서 정리 중에 있다.

중국 정부의 '가상재산금지정책'으로 개인적 소유 자체가 법적으로 금지되어 있어 정식 소유에 대한 보장을 받을 수 없다. 그래서인지 중국 정부 공식적인 명칭은 DDC(Decentralized Digital Certificate)로 '탈중앙화된 디저털증서'라고 자산 소유에 대한 개념이 아닌 증명, 증서로 별칭하고 있다. 이미 중국어 명칭도 '非同质化代币'에서 '代币(Daibi)'라는 토큰(Token)의 단어가 빠지고 '通证(Tong Zheng)' 증서라는 단어로 대체가 되었다.

근본적으로 '가상화폐 비트코인 채굴금지'에 이어 '가상재산금지정책'까지 강하게 가상화폐와 NFT시장을 부정적으로 보고 있는 이유는 NFT의 근본 목적이 '블록체인 기술을 바탕으로 한 탈중앙화 금융'인 DeFi(Decentralized Finance)를 표방하기 때문이다. **중앙통제방식의 경제와 금융을 지향하는 사회주의 국가에서는 제도권 안으로 받아들일 수 없는 것이다.** 사용, 거래 조직인 DAO(Decentralized Autonomous Organization) 탈중앙화된 자율 조직도 인정할 수 없는 것이다.

탈중앙화 금융이라는 것이 제도권 내의 금융시스템을 거치지 않고 결제, 송금, 예금, 대출, 투자 모든 금융거래 가능이 목표이고 가상화폐 코인(Coin)을 담보로 대출도 가능한, 정부의 어떠한 통제를 받지 않는 거래이기에 중국 정부가 일찍이 청산한 사금융, P2P(Peer to peer)와 같이 취급받을 수 있다.

가장 큰 갈등은 중국 화폐 개혁과 같은 디지털인민폐(数字人民币/Shu zi ren min bi)의 성공을 위해서는 해당 가상화폐를 통한 일체의 거래와 소유 행위를 용납할 수 없는 것이다.

더군다나 현재의 NFT가 주로 PFP NFT(Picture for Profile NFT)로 미국의 클립토펑크, BAYC(Bored Ape Yacht club) 프로젝트처럼 단순 SNS와 메타버스상의 프로필로 사용하기 위한 것이나 클립토키티처럼 게임에 국한된 거래가 중심이라면 정부 차원에서는 국가에

도움되는 실질 기술이 아닌 이상은 양성화할 이유도 없다.

물론 블록체인 기술은 중국 14차 5개년 계획의 핵심기술영역으로 포함되어 있다. 하지만 내용에 명확하게 NFT와 가상화폐는 분리하는 정책 방향이며 블록체인 기술은 엄연히 중화인민공화국 공식 디지털화폐의 기반 기술로 활용되는 것이다.

중국 정부에서는 국가정보센터 및 최대 이동통신사인 차이나모바일(China Mobile/中国移动/Zhong guo yi dong), 중국 최대 은행연합 신용카드사인 유니온페이(은련카드/Union pay/银联) 후원 아래 블록체인서비스네트워크인 BSN일부를 시행하기로 하였다. 단, 개인이 NFT를 발행하고 유통 거래하는 것이 불가능하고 거래 결제 방식도 가상화폐가 아닌 위안화와 기존 레거시(Legacy) 화폐, 결제 방식인 Pay 결재 등으로만 가능하도록 정의하였다.

결정적인 쐐기로 2022년 4월 중국인터넷금융협회와 중국은행업협회, 중국증권업협회가 연합하여 'NFT 관련 금융위험성 대비에 관한 제안서(关于防范NFT相关金融风险的倡议)'라고 공동성명을 발표하였다.

제안서의 내용에서는 NFT 즉 디지털 소장품으로의 용어 정의와 거래의 위험성에 대해서 언급하면서 기존 텅쉰과 알리페이 NFT 플랫폼상의 NFT라는 용어를 모두 '디지털 소장품'이라는 용어로 변경하도록 강제하고, 플랫폼상의 거래 위반 사례들을 열거하면서 본격적인 제재를 가하기 시작했다.

NFT의 금융화, 증권화 경향을 단호히 억제하며 NFT저변, 하위 상품으로 보험, 여신, 귀금속 등 금융자산을 포함하지 않도록 하고 편법적으로 발행하는 행위에 대해 금지하고 자율 조직에 대해서도 규제의 대상임을 명확히 하였다.

현재 중국 정부가 노력하고 있는 디지털 위안화는 경제 패권국으로 도약하기 위해 기축통화의 지위를 노리려는 큰 야심의 결과물이다.

이런 상태에서 사회주의 근본 이념에 반하는 가상 재산의 사적 소유 및 개인이 자산을 발행하고 통제 없이 개인 간 거래되는 상황을 그냥 둘 리가 없다.

중국에서의 메타버스는 사회주의 사회의 필요성에 맞도록 방향성이 정해져 세계적인 보편성과는 다르게 발전될 것이고 가상화폐와 NFT의 자리는 중국의 디지털 위안화와 정부 공식 블록체인 인증 기술로 대체될 것 같다.

사회주의 국가라고 해도 사람 사는 곳이다 보니 메타버스, NFT 같은 새로운 것들에 대해 순수한 호기심과 자산 증식의 수단으로, 부를 축적하기 위한 수단으로 관심이 생기기 마련이다.

현상과 환경은 서로 종속되지 않고
영향을 주고받는 현재를 구성하고
미래에 영향을 주는 요소이다.
다만 다른 사회적 환경에서는 또 다른,
경험 못 해 본, 공감할 수 없는 현상이 있다.
똑같이 주어진 환경에서도 다른 현상이
일어날 수 있는데 영향을 주고 받는 사회와 환경이
다르면 그 현상은 경험상의 예측과는 다르다.
선택의 과정, 방식은 같을 수 있지만
선택지의 구성 자체가 다른 것이다.
다른 선택지에서 선택의 결과와 그로 인해
파생되는 현상은 또 다른 것이다.

중국 특색 사회주의에서의 메타버스와 NFT는 존재 방식과 향후 발전 방향이 우리나라와 다를 수 있다.

SITUATION 9
중국의 이동통신사

    2014년 여름, 주재원으로 상해에 도착하자마자 대한민국 여권을 보여 주고 처음으로 내 명의로 소유한 것이 중국 이동통신사의 가입을 통해 구입한 USIM(Universal Subscriber Identity Module/全球用户识别卡/Quan qiu yong shi bie ka)이다.

    우리 중국 직원의 도움으로 이동통신사 대리점에 가서 등록을 했을 때의 느낌을 아직 기억한다. 별거 아닌 것에 대한 다소 생경한 느낌이랄까….

    그 당시 중국의 젊은 친구들이 인터넷 속도가 빨라서 많이 가입한다는 차이나유니콤의 월 인터넷 무제한 데이터 사용 요금제로 296위안(한화 약 4만8천 원, 당시 환율 100위안 = KRW 163원), 당시는 높은 정액제로 가입하였다.

    그런데 높은 요금제 가입이 무색하게 속 터지는 느린 인터넷 속도와 웨이신 보이스 통화를 할 때의 끊김과 상대방과의 통화 시 인터벌(Interval)의 불편함은 참을 수 있는 정도가 아니었다.

가입한 약정은 당시 중국에서 갓 서비스를 시작한 4G 인터넷이어서 한국에서 올 때 구입한 삼성 갤럭시 S4기종에 중국 유심만을 갈아 끼워 넣은 것이다. 우리 직원은 당시 화웨이 3G 핸드폰이었는데, 비교해 보면 속도 차이가 전혀 없고 심지어 핸드폰의 액정 위에 있는 표시도 4G가 아닌 3G로 표시되었다가 4G로 되었다가 위치한 지역과 건물의 안과 밖에서도 속도와 통화 품질의 차이가 나고 있었다.

중국 이동통신의 통화 품질에 대한 불만이 많았다.

중국의 대표 이동통신사는 한국의 SK, KT, LG처럼 3대 이동통신사가 있다.

차이나모바일(中国移动/China Mobile/Zhong guo yi dong), 차이나유니콤(中国联通/China Unicom/Zhong guo lian tong), 차이나텔레콤(中国电信/China Telecom/Zhong guo dian xin)이다. 3개 이동통신사가 모두 정부 소유의 공기업이다.

이동통신사 가입자 규모의 순서로 나열을 하였는데 차이나모바일의 경우 회사의 공식 명칭은 '中国移动通信集团有限公司(Zhong guo yi dong tong xin ji tuan you xian gong si)'으로 일반적인 고객들이 부르는 명칭은 회사명 앞 글자로 '중국이동(中国移动)', 영어 명칭으로는 'China Mobile(CM)'이라고 한다. 1999년에 국무원이 '우전부 이동통신국(邮电部移动通信局/You dian bu yi dong tong xin ju)'에서 이동통신을 별도 운영국으로 분리 승인을 하고 이듬해 '中国移动通信集团公司'를 등록 설립하였다. 출자 자본은 대부분 홍콩의 중국이동유한공사와 영국의 Vodafone Group에 채권을 판매하여 마련하였다. 2017년 기업 유형을 '전인민소유제기업'에서 '국유독자기업'으로 제도 변경을 하고 명칭도 현재의 유한공사로 명칭을 변경한 것이다.

2021년 말 공개한 중국 이동통신 가입자 수는 9.5억 명으로 세계 최대의 규모이고 2022년 1분기 마감 5G 이용 고객 수는 4.6억 명에 달한다. 요금제가 타 이동사보다 저렴하여 30~50대의 기성세대 고객 가입이 많다.

'차이나 유니콤'의 정식 명칭은 '中国联合网络通信集团有限公司(Zhong guo lian he wang luo tong xin ji tuan you xian gong si)'이고 영어 정식명칭은 'China United Communications Co. Ltd'이다. 회사명칭에 의해 '중국롄퉁(中国联通)', 'China Unicom(CU)'으로 지칭한다. '역시 국유독자기업으로 성립은 '중국이동(中国移动)'보다 빠른 1994년 국무원의 승인에 의해 전력공업부와 철도부, 전자부 등이 공동 출자로 설립되었다. 총 가입 고객 수는 7.8억 명이며 2022년 1분기 5G 가입자 수는 3대 통신사 중에서 가장 적은 1.7억 명이다.

다만 2019년부터 중국의 독자 위성GPS(Global Positioning

System) 시스템 체계인 '베이더우(北斗/Bei dou/북두칠성)'와 공동 성립된 5G서비스로 정밀한 5G서비스를 제공하고 있다. 중국의 독자 GPS시스템 프로젝트인 '중국 베이더우'의 경우 미국의 GPS, 러시아의 글로나스(Glonass), 유럽의 갈릴레오(Galileo)에 이은 세계 4번째로 2020년 6월에 체계를 완성하였고 시진핑 주석의 일대일로(一带一路/Yi dai yi lu) 참여국에 서비스를 제공한다.

마지막으로 '중국전신'의 경우는 1995년 국유독자기업으로 설립되었으며 정식 명칭은 '中国电信集团有限公司(Zhong guo dian xin ji tuan you xian gong si)'이고 영어 정식 명칭은 'China Telecom Global Limited'이다. 역시 회사 명칭으로 '중국디엔신(中国电信)', 'China Telecom(CT)'으로 지칭된다. 설립 당시의 최초 명칭은 '중국전신이동통신우전총국'이었다가 기업법인등기를 한 것이다. 기업 명칭과는 다른 '티엔이(天翼/Tian yi)', '하늘의 날개'라는 브랜드로 운영도 했었다.

가입 고객 수는 전체 3.7억 명으로 3개 통신사 중에서는 가장 적은 수이나, 5G서비스 이용자수는 2.1억명으로 전체 고객수의 50%가 유일하게 넘은 이동통신사이고 인공위성통신까지 겸한 중국 내 인터넷망이 가장 잘 구축되어 있다.

중국의 이동통신사업은 10년 전인 2011년에 이미 가입자 수가 3천6백만 명으로 미국, 일본에 이어 세계 3위의 가입자 수를 보유하였다. 다만 전체 인구 대비 보급율이 인구 100명당 2.7% 정도에 불과하여 초기 단계라고 할 수 있었다. 현재 전체 3대 통신사의 가입자 수가 전체 인구 수를 초과하는 수로 상당수가 중복 가입자까지 있어 성장력이 놀라울 정도이다.

배경에는 국유기업인 3대 통신사들이 경쟁을 통해 폭발적인 가입자 수를 늘렸으며 불법적인 가입 고객 모집 경쟁을 하였다. 그 결과로 2015년 소비자 고발 프로그램 〈315완후이〉에서 소비자 고발된 적도 있다.

과거 미국이 중국의 이동통신사를 해킹을 통해 도청도 한 적이 있다는 스노우든(Edward Snowden)의 폭로로 중국의 이동통신사들이 주목을 받은 적이 있는데 중국의 3대 통신사 모두가 세계 500강 기업에 들어가는 거대한 규모의 세계적인 이동통신사들임이 알려지게 되었다.

이후 미국 국내에서 감청 가능성으로 퇴출되고, 세계적으로 이동통신장비 판매 제재를 받은 화웨이(华为/Hua wei)의 경우 3대 국유 통신사의 조력으로 한때 통신 장비의 60%의 공급 물량을 따낸 배경이 된 것이다.

중국의 이동통신사업은 국가 기간전략사업으로 육성이 되었지만 그로 인해 중국군이 소유하고 있다는 이유로 2021년 뉴욕증권거래소에서 3개사 모두 상장 폐지되었다.

중국의 이동통신사, 이동통신장비, 중국형 GPS시스템 베이더우 프로젝트 등 이동통신 인프라의 완성은 사회, 경제적으로나 군사적으로 G2의 면모를 보여 주는 대표적인 예이다.

중국 전국인민대표자회의에서도 이동통신기술 5G의 전반적인 구축과 완성이 국가의 전략 사업임을 표방했듯이 국제적으로는 일대일로 사업과 국내적으로는 낙후된 농촌의 발전을 위한 목표를 위해서도 이동통신사의 역할은 상당히 중요하다.

구분	차이나모바일	차이나유니콤	차이나텔레콤
중문명	中国移动	中国联通	中国电信
영문명	China Mobile	China Unicom	China Telecom
설립년도	2000년	1994년	1995년
총가입자수 (2021년말 기준)	9.5억명	7.8억명	3.7억명
5G 가입자수 (2022년 1분기 기준)	4.6억명	1.7억명	2.1억명
년간 매출규모 (2019년말 기준)	1,070억 달러	420억 달러	540억 달러

[중국 3대 이동통신사 현황]

하지만 이동통신사의 전체 가입자 수의 정체와 함께 글로벌 증시에서의 상장폐지, 글로벌 이동통신 시장지배력 약화, 전문 인력의 IT 및 AI 업계로의 유출 등으로 지속 성장 경쟁력이 떨어지고 있는 상황이다.

일대일로의 가입국이 점차 이탈하고 글로벌 확대의 가능성도 없어진 상황이어서 근본적인 성장 잠재력이 약화되고 있다.

국가의 기간 산업들을 국유화하는 사회주의 국가에서 국영기업들의 경쟁력은 국가와 함께 그 운명을 같이한다.

국가 정책에 빠질 수 없는 국영기업의 운명상 미중무역과 글로벌 경제 체제 내에서 소외를 받고 국가 정책 사업들이 위축되고 있는 현재의 중국으로서는, 통신기지국 건설과 인공위성 제작, 발사, 운영 등 막대한 비용을 온전히 국내 내수용과 군사용으로만 사용할 수밖에 없는 상황으로 치닫고 있다.

내수 중심의 쌍순환 경제 정책이란 것이 아무리 14억 인구의 국가라고 하더라도 자원 자국보호주의가 확대되고 있는 상황에서 온전히 내수 소비시장으로만 정책 유지가 되고 국가경제가 운영되기란 불가능하다. 패권국을 도모하기 위해 일대일로 사업을 벌였지만 그 투자에 대한 회수가 보장되지 않으면 정책의 실패는 자명해질 수밖에 없다.

인생이 항상 성공적이고 행복할 수만은 없다.
몸과 정신이 약해지고 모든 활동이 위축되고
그로 인해 불행하다고 생각하는 순간에도
선택지는 기회라는 이름으로 주어진다.
당시의 환경과 상황을 인지한 상태인데도 기회의
선택지가 아닌 기존의 선택지에서 답을 찾으려는
기존 방식을 고수한다면 악화되는 상황은
바뀔 수 없다. 지금과는 다른 사고를 해야
국면 전환이 가능한 길이 보이게 된다.

중국의 다음 선택은 어떤 선택일까?

포용과 융합이 아닌 독단적인 선택을 지속한다면 지금의 곤란한 상황은 나아지지 않고 더 힘든 결정을 해야 하는 상황만 지속될 것이다.

SITUATION 10
중국의 세대 차이(代沟)

　마케팅에서 시장 내 자사의 브랜드 위치와 경쟁력을 파악하고 성공적인 마케팅 전략을 펼치려면 전통적 기본 분석 중에 '3C 분석'을 해야 한다. Company(자사), Competitor(경쟁자) 그리고 Consumer(고객)에 대한 분석이다.

　마케팅의 기본이 시장 상황을 알고 고객의 인식과 구매 행태를 알아야 하는 것인데, 상품과 서비스를 팔기 위해 시장을 세분화하여 분석하지 않고, 목표 고객을 설정하지 않으며, 상품 구매를 할 고객의 사고와 생활 방식을 분석하지 않는다는 것은 복권 당첨을 기다리거나 기업의 틀을 모래사장에 짓는 것처럼 위험한 일이다.

　시장경제에서는 자사, 경쟁 분석은 데이터를 통해 스스로 분석하거나 컨설팅 업체를 통해 손쉽게 얻을 수 있다. 물론 자사의 강약점과 기회와 위협요소(SWOT) 분석은 내부적으로 해야 하는 사항이긴 하지만 자신의 장단점을 모르는 상태로 싸움터에 나가는 장수는 없기 마련이다.

보편성의 잣대로 쉽게 생각하지만 가장 어렵고 틀리기 쉬운 분석이 바로 고객 분석이다.

시장경제 사회에서는 고객 분석 시 가장 기초가 되는 사고와 행동, 가치관, 소비의 경향을 묶어서 그 세대를 특정화하는 경향이 있다.

세대 간의 다른 성장 환경, 문화 차이, 가치관 차이가 곧 상품과 서비스 구매의 차이를 가져온다는 보편적 인식에 의한 분석이다.

산업화세대(1940~1950년), 베이비붐세대(1960년대), X세대(1968~1970년대), Y세대(1980~1994년), 밀레니얼세대(1980~2000년 초), Z세대(MZ세대/1984~2000년대 초), 알파세대(2010년~현재)로 사고, 행동, 가치관, 생활소비방식을 세대의 보편적 성향 차이로 나누고 그 세대의 소비 트랜드로 묶어 상품과 서비스를 설계하고 홍보하고 활성화하는 데 사용한다.

중국에서도 세대의 구별을 한다. 시장 경제사회가 아닌 사회주의 사회에서의 세대 구분은 일반적으로 태어난 연도로 지칭하여 구별한다. 1979년 1가구 1자녀 정책을 실시한 후인 1980년대에 태어난 세대부터 그전 세대와는 다른 특징을 보이기에 탄생한 명칭이 '빠링호우(八零后/Ba ling hou)'이다.

부모 세대인 기성세대들은 1958~1960년 초 노동집약적 산업화 추진을 하는 '대약진운동'과 1966~1976년 전근대적 문화와 자본주의적 사항을 배척하고 사회주의를 고취하는 문화대혁명기를 겪었다. 스스로를 홍위병을 자처하기도 하면서 사회주의, 집단주의의 사회적 문화적 환경에서 성장하였고 1990년대 개방개혁 이후 물질적 성장으로 돈, 자산에 대한 열망을 감추지 않는 세대였다.

반면 빠링호우세대들은 덩샤오핑 정권 시의 산아제한 정책인 '독생자녀제(独生子女制度/Du sheng zi nu zhi du)'로 외동아들, 외동딸로 자라난 탓에 가족의 관심을 받고 물질적 풍요를 추구하는 부모의 환경 속에서 개인주의적 성향과 개방적, 합리적 사고방식으로 부모 세대보다는 풍요롭게 성장하였다.

마오쩌둥 정권 시 공부론(共富论/Gong fu lun) 즉 공평한 부의 분배를 주창하였지만 섣부른 산업화 정책과 급진적 사회주의사상 고취에 따른 부작용으로 큰 실패를 겪었다. 그 후 덩샤오핑의 선부론(先富论/Xian fu lun)에 의한 개혁개방 정책으로 외국의 자본을 끌어들여 우선은 잘살고 나중에 공평한 부의 분배를 하자는 수정된 경제정책을 시행하였다. 이런 배경에서 성장한 80년대생은 외국문화를 거부감 없이 수용하고 개성을 추구하고 교육 수준이 높고 외국유학 경험까지 축적하게 된 세대이다.

중국의 공산, 사회주의 혁명 교육과 사상교육을 집중적으로 받지 않고 자랐지만 천안문 사태 이후 장쩌민 정권 시대부터 시작된 애국주의 교육의 1세대로 국가에 대한 자긍심이 높아 애국, 민족주의 성향이 강하다.

한때는 샤오황디(小皇帝/Xiao huang di), 샤오공주(小公主/Xiao gong zhu)로 불리우며 물질적 풍요와 개인주의적인 세대를 반영한 용어를 사용하기도 했지만 빠링호우가 중국 사회의 경제주체가 되면서 취업, 주택, 자산, 결혼 문제를 직면하는 경제 발전 이면에 처한 첫 세대이기도 했다.

1990년대생은 지우링호우(九零后/Jiu ling hou)로 지칭하며 중국의 고속성장기에 태어나고 성장한 샤오황디, 샤오공주 2기 세대로 IT의 태생과 함께 새로운 기술과 유행에 민감하며 가장 자본주의적인 사고방식의 세대로 적극적이고 합리적 소비 패턴을 보이고 있다. 이른바 인터넷 세대로 웨이신(微信/Wei xin), 웨이보(微博/Wei bo) 등 SNS를 통해 정보를 주고 받으며 표현도 SNS를 통해 공유를 하는 자기 표현과 트렌드에 민감하다. 다양한 커뮤니티 활동과 탈지역적, 글로벌적인 사고와 소비로 과시 소비성향도 일부 보이는 세대이다. 반면 중국에서의 대학입시 경쟁은 우리나라 이상의 대학입시 열기로 1천만 명의 수험생이 경쟁을 치르는 가오까오(高考/Gao kao)가 있다. 보통 6월에 2일간에 걸쳐 전국적으로 진행되고 9월에 신학기가 시작된다. 치열한 입시 경쟁을 치르고 대학을 입학하고 유학까지 다녀왔지만 막상 사회 초년생으로 많은 스펙을 쌓고 취업을 겨우 하여도 상대적으로 낮은 급여 수준과 낮은 성취욕으로 어려운 일을 기피하는 경향이 있다. 많은 것을 포기하는 '탕핑(躺平/Tang ping/'침대에 그대로 눕다'라는 뜻으로 어려운 상황에서

쉽게 포기하고 주저앉아 버리고 아무 일도 하지 않는 것을 지칭함)주의'에 젖은 세대로 우리나라의 'N포세대'와 유사하다. 중국의 기성세대들은 나약한 세대로 지적을 하기도 한다.

  2000~2009년 태생은 링링호우(零零后/Ling ling hou)로 지칭하며 대표적인 디지털원주민, 신애국주의 세대, 공통된 글로벌 MZ세대의 특징을 보이는 세대이다. 시진핑 집권시대에 가치관을 형성한 세대로 '궈차오(国潮/Guo chao)', 애국주의 소비의 주력으로 부상한 세대이다. 부모가 빠링허우로 높은 교육 수준과 물질적 풍요에서 국제적, 경제적 지위가 높아진 중국의 경제와 문화에 자신감을 갖고 있고, 태어나면서부터 모바일에 친숙한 디지털원주민(Digital Native)으로 개인적인 표현과 개성이 강한 세대이다.

  우리나라의 2010년 이후 태어난 알파세대와 같이 온라인상의 상호 소통과 IT기술의 진보된 환경에서 성장하여 모바일, AI기술의 빠른 변화에도 스스로 학습하고 관련 소비재에 지출을 아끼지 않는 소비 성향을 나타낸다.

  그동안 중국의 일가구 일자녀의 정책이 인구 절벽에 부딪치면서 2~3자녀까지 허용하게 되었다. 기존 자녀 제한 정책이 모두 폐지된 사회 환경에서 적극적인 사회성을 가진 기존 세대와 차이를 보이는 첫 번째 세대이기도 하다. 신관빙두(新冠病毒/Xin guan bing du) 시대에 청소년기와 대학 생활을 보내면서 제한된 사회활동을 경험한 첫 세대로 사회, 경제의 주축이 될 때 어떤 성향을 보이게 될지는 아직 미지수이다.

중국의 링링호우 세대나 우리나라의 Z세대, 알파세대의 경우 공통적으로 AI, VR, AR, 메타버스와 가상화폐, NFT와 같은 앞으로 더욱 발전될 새로운 변화에 주력이 될 세대이다.

기업들이 이런 고객을 대상으로 사업을 펼친다면 이전과는 다른 커뮤니케이션 방법으로 소통해야 한다.

자기 개성 표현과 표현의 채널과 방식이 다른 고객들이 상품과 서비스의 선택과 소비로 이어질 경우 기존의 선택 방식과는 달라질 것이기 때문이다.

기존 고객과 소통 방식이 다른 고객의 등장….

온라인상 자기 개성의 표현이 된다면 클립토펑크나 BAYC와 같은 PFP NFT를 아낌없이 구입하고 자기의 개성을 표출하는 세대이다.

메타버스의 가상공간에서의 브랜드와 상품의 체험도 현실에서의 브랜드를 선택하는 이유가 될 수 있는 세대이다.

수많은 힙스터(Hipster)들이 이 세대를 구성하고 기존의 대량 양산형 상품이나 소량 맞춤형 상품이라도 자신의 필요성과 가치에 상관없이 선택하지 않는다.

상품의 아이덴티티 자체가 독특하고 그 독특함이 자신에게 맞는 상품을 선택한다.

커스터마이징이라는 방식도 기존의 플랫폼에서 일부 변화만 주는 방식이라면 선택을 하지 않을 것 같다.

이 세대들은 브랜드와 상품의 만남을 '우연한 운명적인 만남 세렌디피티(Serendipity)'를 기대한다.

무의식중에 지속적인 노출을 반복하고 현실에서 우연히 접했을 때 꿈을 꿔 왔지만 우연히 만난 그 순간의 느낌을 구매할 것이다.

그런데 이런 우연한 만남 같은 브랜드와 상품, 서비스를 기성세대가 이해를 하고 '클립토소비자(Crypto Consumers)'라고 할 수 있는 새로운 소비자에 접근, 소통하는 방식을 찾아내고 실행할 수 있을까?

어느 사회이건 세대 차이(Generation Gap)가 있다. 서로 간에 기성세대를 지칭하는 꼰대세대도 있고 반항적이지만 나약하다고 생각하는 신세대들이 있다.

중국의 경우에도 세대 차이를 지칭하는 명칭이 있다.

우리나라와 서구의 세대 차이라는 단어보다 어감상으로는 더 쎈 느낌의 단어 '따이고우(代沟/dai gou)'라는 단어 표현이 있다.

고우(沟/Gou)라는 단어는 도랑, 골, 협곡이라는 뜻이다. 해석을 하면 '세대 간의 깊은 골'이라는 뜻이다.

세대 차이에서의 '차이', 'Gap'은 '다른 점이 있다' 정도의 느낌인데, 중국의 '고우(沟)'는 서로 간에 이해를 못하는 갈등이 있어 소통하지 못하는 감정상 문제가 있는 느낌이다.

소통과 교류의 중국어 단어인 '고우통(沟通/Gou tong)'도 동일한 단어로 계곡 사이로 의사 표현과 물자가 교류되는 뜻의 단어로 서로 간에 '이어진다', '통하다'라는 의미로 사용되고 있다.

중국 사회에서 기성세대는 문화대혁명기와 개방개혁기를 거치면서 사회주의의 이념을 학습하고, 물질적 충족에 대한 욕구를 표출하는 집단주의, 권위주의 중심의 기존 가치관을 가진 세대이다. 저우링허우 이후의 신세대들은 개혁개방 이후 물질적 풍요 속에서 태어나 세계화(Globalization)의 보편적 사고와 개인주의 성향과 평등주의, 세계 중심의 가치관을 가진 서로 다른 세대이다.

우리나라에서도 신문기사 보도를 통해 중국의 기성세대와 신세대 간의 이해 차이에 의한 갈등을 알린 사례도 있다.

2010년대 초반 제주도의 땅을 중국의 '따마(大妈/Da ma)'들이 사들이고 있다는 기사였던 것으로 기억한다.

'따마(大妈/Da ma)'란 표현은 원래 큰어머니를 지칭하거나 나이가 많으신 여성분들을 지칭한다. 중년 이상인 여성을 부르는 단어이지만 우리나라의 어감상으로는 부동산, 소비의 큰손의 느낌으로 느껴진다.

따마(大妈)는 중국의 대표적인 기성세대로 집단주의적 성향과 물질적 충족 욕구를 행동으로 실현한다. 쇼핑몰의 광장에서 단체로 모여 동일 동작을 반복하는 광창우(广场舞/Guang chang wu)를 매일 저녁 시간 반복하고 부동산과 금을 사들이는 행동으로, 신세대들의 가치관으로는 다소 부정적 시선으로 불편하게 바라보고 있는 것이 사실이다. 문화대혁명기를 거치면서 교육을 제대로 받지 못하였고 사회주의적인 집단사상을 강요받고 상대적인 물질 부족의 환경에서 성장하였으니 신세대들의 환경과는 다른 환경에서 가치관이 형성되어 이해를 할 수 없는 어른들로 인식되는 것이다.

파리바게뜨 상해 홍징점(虹井店) 앞에서는 매일 저녁 7시 무렵이면 따마(大妈)들이 모여 유니폼을 입은 리더들 뒤로 일반인들이 줄지어 뒤따르면서 일정한 리듬의 음악에 맞추어 행진하듯 광장을 돌며 몸과 팔을 움직이는 단순 동작을 반복한다.

이제 이 광장에서는 같은 시간 젊은 층들이 스케이트보드를 연습하고 요즘 음악에 맞추어 힙합 댄스 연습을 한다.

현재의 20~30대는 물질적 풍요로운 사회 환경에서 태어나고 성장하였지만 반복되는 경쟁을 이겨 내고 취업을 하였으되 높은 스펙 대비 낮은 보상과 이전 대비 심화된 개인 간의 경재력과 자산의 차이는 잠재된 사회적 불만으로 이어지고 있다.

대출을 받기는 쉽지만 집을 구입해도 평생 대출을 변제해야 하고 사회 초년생들은 외지에서 회사 생활을 하게 되면 집세를 월 급여의 절반 이상을 내고 궁핍한 생활을 할 수밖에 없다.

가끔 상해 시내에서 고가차도를 지나가다 보면 갓 결혼한 신혼부부가 마이바흐, 벤츠와 같은 차량에 타고 그 뒤로는 같은 고급승용차가 5~6대가 줄지어 공항까지 배웅 가는 모습을 흔치 않게 볼 수 있다. 반면 우리 회사 직원 중에 갓 결혼한 직원은 결혼식 없이 혼인 신고만 해서 결혼증서를 받은 다음날 조그만한 선물박스에 초코렛, 캔디 등을 조금씩 넣고 회사 직원들에게 돌리고 신혼여행도 없이 바로 근무하는 경우도 흔하게 볼 수 있다.

중국 사회가 발전하면서 사회주의 사회에서도 경제적인 빈부 격차는 크게 벌어지고 있다. 같은 세대 안에서의 이런 경제적 차이는 사회적 출발점부터 평등함이 깨져 있다고 인식하게 되는 것이다.

중국의 세대 차이는 가치관의 차이도 있지만 사회주의 체제이면서도 시장지향적인 경제체제를 일부 수용했던 모순에서 점차 벌어지는 소유의 차이와 상대적 박탈감을 줄이는 과제에 당면해 있다.

사회가 희망을 갖을 수 있는 밝은 미래를 보장한다면 그 박탈감은 적어지고 스스로 노력을 해 볼 만한 자신감과 자존감을 중시하는 사회가 되겠지만, '하마터면 열심히 살 뻔했네…'라는 자발적 포기 상태인 '탕핑(躺平)'이 중국의 신세대에 만연한다면 중국 특색 사회주의의 미래를 보장하기란 어렵다.

사교육의 철폐가 인구 절벽에 들어선 중국의 입장에서는 양육 비용을 줄이기 위한 배경이지만, 기성세대와 신세대가 같은 세대 내에서도 소유의 차이, 부유층과 보통 인민들의 출발점의 차이가 사교육부터라면 그 원인 제거가 사회주의와 공동 부유를 이루는 시발점이라고 생각을 했을 것 같다.

중국의 세대 차이 '따이고우(代沟/dai gou)'는 단순 가치관의 차이로 분석하기보다는 사회주의 국가의 인구정책, 사회 경제 정책에 의해 인위적으로 조정된 사회 환경의 급변적 차이로 그 차이는 감정의 골짜기, 이해할 수 없는 큰 협곡이 가로막고 있는 상태라고 봐야 할 것이다.

인위적으로 조정된 선택지에서의 선택은
예측 불확실한 결과를 낳는다.
개인과 세대 간의 자연스런 자정 능력을 존중하는
사회에서의 선택지는 개인이 책임을 지고
결과를 감내라도 할 수 있다.
국가와 사회가 인위적으로 조정한 선택지는
그 선택의 결과가 좋지 않을 경우 그 불만이
국가와 사회로 향하게 되어 있다.
가장 큰 문제는 사회 구성원이 선택을
포기하는 상황도 있을 수 있다.

개인과 세대 간의 자정 능력을 존중하고 서로의 자신감과 자존감을 중시하는 사회로의 실현은 민주사회이건 사회주의이건 공통된 해법을 찾기 어려운 과제이다.

SITUATION 11
중국의 지역 명칭

중국 차량을 보면 번호판의 지역 식별이 과거 우리나라처럼 용이하게 되어 있다. 다만 전체 지역명을 사용하는 것이 아니라 지역의 별칭을 한자 단어 한 자로만 표기를 하는데 이런 지역 명칭은 전체 이름과 같지 않은 경우가 많다.

[중국 차량의 번호판 예시]

파란색은 기존 내연기관, 녹색은 전기차 또는 하이브리드차
앞에 한자가 지역 명칭 / 뒤에 알파벳은 그 지역에서도 하위 지역으로 구별됨

자동차 번호판에 제일 앞에 부여된 지역명은 해당 도시의 도심을 운행할 수 있는 판가름의 기준이 된다.

2021년 말 기준으로 중국 전체의 자동차 보유 대수는 3.9억 대로 공안부(公安部)의 통계 현황으로 기사 보도가 되었다. 이 중에서 신규 등록된 자동차만 3,674만 대로 전년 대비 +346만 대로 차량은 지속 증가되고 있다. 이런 상황에서 미세먼지 등 환경문제로 인해 자동차의 지역별 등록과 번호판 교부 제한, 도시별로 등록된 번호판의 차량 외에는 시내에서 운행되는 시간 제한, 고가도로와 순환도로 등의 운행 제한 등으로 억제를 하고 있다.

중국의 행정구역은 4개 직할시(市), 23개 성(省), 5개 자치구, 2개 특별 행정구가 있다.

전체 행정구역 수로만 34개이다. 이 34개 지역의 별칭은 아래 표와 같다.

京 베이징/Jing	沪 상하이/hu	津 톈진/Jin	渝 총칭/yu	川 스촨/Chuan	港 홍콩/Gang	澳 마카오/Ao
浙 저장/Zhe	苏 장수/Su	皖 안휘/Wan	云 윈난/Yun	鲁 산동/Lu	晋 산시/Jin	甘 깐수/Gan
闽 푸젠/Min	粤 광둥/Yue	桂 광시/Gui	冀 허베이/Ji	豫 허난/Yu	贵 귀저우/Gui	赣 장시/Gan
湘 후난/Xiang	鄂 후베이/e	陕 산시/Shan	辽 랴오닝/Liao	吉 지린/Ji	黑 헤이룽장/Hei	琼 하이난/Qiong
台 타이완/Tai	蒙 내몽구/Meng	宁 닝샤/Ning	青 칭하이/Qing	藏 시짱/Zang	新 신장/Xin	지역명 지역/병음

[각 성(省)과 직할시별 명칭]

외국인이라면 지역 명칭을 대표하는 한자를 일부 지역 외에는 거의 구별하기 쉽지 않은 어려운 한자로 되어 있는 경우가 많고 주요 도시의 역사와 환경을 알지 못하면 유추해서 알기도 어렵다.

이런 지역의 별칭을 '지엔청(简称/Jian cheng/약칭)'이라고 한다.

상해를 지칭하는 '沪(Hu)'의 경우 도시의 중심부를 남북으로 가로질러 장강하류로 흘러가는 황푸강(黄浦江)을 지칭하는 단어이기도 하고 상해가 예전 작은 어촌으로 물고기를 잡는 통발을 지칭하기도 한다고 얘기들을 한다.

상해의 또 다른 이름을 '沪上(Hu shang)'이라고도 하기에 지역의 대표적인 자연환경 또는 도시, 강 이름을 기준으로 황푸강을 지칭하는 명칭에서 유래되었다는 것이 신빙성이 높아 보인다.

다른 직할시인 '충칭(重庆/Chong qing)'의 경우 약칭인 '渝(Yu)'로 표현한 이유는 과거 이 지역은 '渝州(Yu zhou)'로 별도의 명칭이 있어 과거 지명에서 유래한 경우이다.

중국과 대만의 양안(两岸)에서 대만을 마주보고 있는 '푸젠성(福建省/Fu jian sheng)'의 경우는 또 다른 약칭 방식으로 '闽(Min)'이다. 과거 그 지역에 살던 민족의 이름에서 유래되었다고 한다.

이외 대부분은 지역의 명칭 중에서 대표 한자를 약칭화하거나 그 지역의 대표 도시 명칭으로 되어 있다.

지역의 약칭을 서로 붙여서 확대된 광역 명칭으로도 많이 활용한다.

'粵港澳 大湾区(Yue Gang Ao Da wan qu)'의 경우 광동성, 홍콩, 마카오 세 지역을 묶은 주강(珠江)삼각지를 총칭하는 명칭으로 이 지역의 연간 GDP합계만 해도 우리나라를 넘어선다.

'京津冀(Jing Jin Ji)'의 경우는 베이징, 천진, 하북성 3개 지역을 묶어서 지칭하며 슝안특별지구 개발시 '징진지' 지역의 개발 활성화라는 뉴스 기사 보도를 많이 볼 수 있었다.

이외에도 '两粤(liang yue)'의 경우는 광동성과 광시성 두 개 성을 함께 부를 때 사용한다.

지역명의 약칭은 고속도로의 명칭에 상당 부분 사용이 되는데, 각 도시의 약칭을 하나씩 사용하여 그 도시, 지역 간의 고속도로 정식 명칭으로 사용한다. 또한 공식적인 문서나 신문보도, 길거리의 표지판 등에서도 쉽게 볼 수 있어 도시명과 함께 대표하는 별칭으로 숙지해 두면 지역의 특징과 함께 중국 지역을 이해하는 데 상당한 도움이 된다.

SITUATION 12
중국의 교육열

주재원으로 단독 부임 후 6개월 후에 가족들이 상해로 이사를 왔다.

당시 딸아이는 유치원을 다니다 와서 거주지 인근의 한국 아이들이 많이 다니는 외국어 유치원을 찾아 한국 돈으로 월 25만 원이라는 유치원 비용을 회사에서 지원 받아서 등원시켰다. 유치원의 교육 과정은 영어, 중국어 수업과 학부모 참여 수업 등 우리나라와도 많이 다르지 않았다.

1년 반이 지난 후 초등학교 입학을 할 시기가 되어 상해한국학교에 입학을 하게 되었다.

상해한국학교는 1992년 한중 수교 7년 후인 1999년 9월 홍치아오 공항 서북쪽 민항취 화차오쩐(闵行区 华漕镇)에 개교하여 초·중·고등학교 과정이 모두 함께 있는 종합 학교이다. 전체 학생 수는 1,100여명 정도이고 초등학교의 학년별 평균 반 수는 4개 반 정도이다.

[상해한국학교 정문과 휘장]

초등학교 과정 수업료의 경우 1년에 4~5만 위안으로 한화로 8백만 원 정도이다. 주재원이면 회사에서 100% 학비 지원이 되니 개인적으로 부담은 안 되지만 우리나라의 의무교육과 비교하면 상당히 비싼 학비이다. 정부의 교육비 지원이라는 것이 없는 상태이고 타국에서는 외국인학교와 다름없으니 오롯이 학비로 모든 교사들의 급여와 학교 운영 관련하여 독립적인 재정 운영을 해야 하는 상황인 것이다.

북경시에도 북경한국학교가 왕징 지역에 위치해 있어 상해시와 북경시에 거주하는 주재원이나 한국 교민은 충분히 정규 교육 과정 걱정 없이 자녀 교육을 시킬 수 있다. 그 외의 지역은 영국, 미국, 싱가폴 국제학교 또는 중국현지학교 국제반 등을 다니는 경우가 있다.

외국계 국제학교의 경우 1년에 한화 4천~6천만 원으로 상당한 학비가 들어간다. 중국의 대다수 국제학교의 경우 'IB(International

Baccalaureate) 국제 인증 교육 프로그램'으로 운영 중이라서 졸업 후 외국 유명 대학과 우리나라의 IB 인증되는 대학교에 진학이 가능하다. 우리나라도 제주도에 IB 국제 인증 교육 프로그램이 적용되는 국제학교가 설립 예정이라는 기사도 있었다. 이 프로그램 때문인지 상해지역의 외국계 국제학교의 경우 우리나라에서도 유학을 오는 학생들이 상당수 있어 별도의 커뮤니티도 형성되어 있는 상태이다.

중국 내의 국제학교 시장은 한화로 약 10조 원 시장을 형성하고 있을 정도로 큰 교육 시장이다.

상해, 북경한국학교 및 국제학교는 대부분 자체 스쿨버스를 운영하고 한국인 거주지역에도 노선을 운영하여 학생들의 통학 편의성이 좋다.

한국인 학교에서도 영어반과 중국어반을 기본적으로 운영하고 국제학교도 100% 영어 수업으로 진행하니 기본적인 어학 학습은 어렵지 않다.

[상해한국학교 통학버스]

중국의 1~2선 도시의 경우 좋은 교육 환경에도 사교육 철폐 전까지는 신동방 교육 그룹 등에서 운영하는 사설 학원 시장이 세계 최대 규모로 있었고 지금도 외국어 전문 학습을 위한 학원이 일부 운영 중에 있다.

사회주의 국가에도 학원이 성행하고 있었다는 것이 새삼 놀랍기도 했는데, 사교육 철폐 후 온라인 학습 과정들이 다시 생기는 상황들을 보면 자녀들에 대한 교육 열기가 상당히 높다는 것을 알 수 있다. 높은 교육열을 반증하는 것이 중국에서도 대학 입학 시험 '가오까오(高考/Gao Kao)'가 있으며 매년 6월 7~8일 양일간에 거쳐 시험을 보며 그 수험생의 수가 무려 1천만 명에 달한다. 우리나라의 경우 2022년 수험생 수가 51만 명이었으니 무려 20배나 된다. '가오까오'는 요일에 상관없이 날짜는 지정된 일자이며 2020년에만 신관빙두(코로나19)로 인해 7월로 연기된 적이 있다.

'가오까오'는 1952년부터 시행되었으며 문화대혁명기간인 1966~1976년까지 10년간 폐지되었다가 1977년부터 재개되었다.

고등학교 졸업자 중에서 대학 진학은 56% 정도만 진학하는 걸로 알려져 있다.

가오까오 시험을 2일간에 걸쳐서 보는데 1일차는 아침 9시부터 11시 30분까지 중국어 논술인 '语文(Yu wen)', 점심 후 오후 3시부터 5시까지 수학 시험을 본다. 2일차에는 아침 9시부터 11시 30분까지는 문과와 이과 선택 시험으로 '문과종합(정치, 역사, 지리)', '이과종합(물리, 화학, 생물 + 기술)'을 시험 보며 마지막으로 오후 3시부터 5시까지 제2외국어(영어, 일본어, 독일어, 프랑스어, 러시아어, 스페인어 중 선택) 시험을 듣기 평가와 함께 치른다.

대학시험 과목에 맞추어 사교육 학원과 온라인 수업 등이 집중되어 있었다. 이런 상황은 시장경제 국가와 동일한데… 대학의 전략적 육성 방식에는 중국 정부의 미래 전략이 반영되어 있다.

중국에 정식 인허가되어 있는 대학은 4년제 대학이 1,200여 개, 2~3년제 전문대는 약 1,300여 개 학교가 있다. 4년제 대학의 경우 매 분기 학교 규모, 교직원 수, 시설과 운영현황, 연구 성과 등 제반 사항의 총점 평가로 1~482순위 매김을 하고 인터넷상으로 전체가 볼 수 있도록 발표도 된다.

1995년과 1998년에 중국 공산당과 중화인민공화국 국무원은 사회주의 인재 육성을 위해 세계 초일류 대학 육성과 각 지역에서의 집중 육성을 해야 할 대학으로 크게 두 개의 '공청(工程/Gong Cheng)'으로 나누어 지원을 하고 있다.

첫 번째 그룹은 세계 초일류 대학을 목표로 하는 그룹으로 '985院校 (Yuan xiao)' 또는 '985工程'이라고 하며 1998년 장쩌민 정권 시 발표되었다. 39개의 대학교를 종합 평가 점수로 선정하여 글로벌 교육 경쟁력을 높이는 전략 대학교로 육성하고자 연간 300억 위안(한화 5조 5천 억)정도를 투자하는 국책 사업으로 시작된 것이다. 각 성(省)과 도시에서 대표하는 학교로 선정한 것이다. 그 중에서 대표적인 학교로 9개 대학은 선두권의 대학으로 정부 및 기업들의 산학지원의 형태로 더욱 집중 육성되고 있다.

북경대(北京大学/Bei jing da xue), 칭화대(清华大学/Qing hua da xue), 중국과학기술대(中国科学技术大学/Zhong guo ke xue ji shu da xue), 복단대(复旦大学/Fu dan da xue), 상해교통대(上海交通大学/Shanghai jiao tong da xue), 서안교통대 (西安交通大学/Xi an jiao tong da xue), 남경대 (南京大学/Nan jing da xue), 절강대 (浙江大学/Zhe jiang da xue), 하얼빈공업대 (哈尔滨工业大学/He er bin gong ye da xue) 이다.

공산당과 국무원이 선정한 만큼 가오까오 수험생 중에서 985공정 합격자들은 약 1.8% 정도(39개 학교 합격자 약 19만 명)로 정부 기관과 공산당의 인재들을 대표적으로 배출하는 학교들이다. '211대학(211工程)'은 21세기 집중육성 100개 대학과 학교별 집중 육성 1개 학과(学科/Sue ke)를 건설한다는 목표로 1995년부터 실시되었다. 해당 대학에는 연구개발 기금을 정부로부터 지원을 받을 수 있다. 중국 내에서는 985공정과 211공정으로 선정된 대학을 중점대학(重点大学)이라고 부르며 명문대학으로 인식된다. 985대학과 211대학은 중국 내에서 집중 육성대학으로 구별되어 운영되고 있으며 211대학 100개 학교에는 985대학이 포함되어 있으나 985대학이 모두 211대학은 아니다.

순위	대학명	985공정	211공정	순위	대학명	985공정	211공정
1	북경대	O	O	11	천진대	O	O
2	칭화대	O	O	12	중국인민대	O	O
3	상해교통대	O	O	13	북경사범대	O	O
4	중국과학원	X	X	14	서안교통대	O	O
5	절강대	O	O	15	길림대	O	O
6	우한대	O	O	16	산동대	O	O
7	남경대	O	O	17	중산대	O	O
8	복단대	O	O	18	남개대	O	O
9	중국과학기술대	O	O	19	하얼빈공업대	O	O
10	화중기술대	O	O	20	남경항공대	O	O

[2022년 1분기 중국대학 종합 평가 순위(1~20위)]

중국의 수험생과 학부모들은 명문대학으로 꼽는 985대학과 211대학을 들어가기 위해 우리나라의 수험생과 학부모들이 S.K.Y 상위권 대학에 들어가려는 열망만큼 동일한 노력을 하고 있다. 열기를 반영하듯 합격을 기원하는 미신 같은 행동을 하는 경우도 있다.

수험생들 사이에서는 가오까오가 시행되는 달인 6월의 전통 명절 음식 단오절(端午节) 쫑즈(粽子)에 합격하고 싶은 대학교 이름을 쫑즈를 감싸고 있는 잎에 써서 서로 나누며 원하는 학교로의 합격을 기원한다. 한국처럼 엿이나 떡 등을 지인들이 선물을 하는 입시 이벤트, 선물 문화는 없다.

학부모들의 경우 자녀의 합격을 기원하는 기복(祈福)적인 행동도 한다. 가오까오 시험을 보기전 중국 청나라 시대부터의 전통의상인 '치파오'의 판매 매출이 급증하는 현상을 보인다. 시험 당일 시험장 교문 앞에 수험생 어머니들은 치파오(旗袍/Qi pao)를 단체로 입고 기다리며 자녀의 합격 기원을 한다. 이유는 치파오의 '치(旗)'가 상징하는 한자가 성공과 좋은 성적을 뜻하는 고사성어의 '깃발'과 동일하게 사용되었기 때문에 유래된 것으로 보고 있다.

'치카이더셩(旗开得胜/Qi kai de sheng)'이라는 고사성어로 전체 문구는 '旗开得胜 马到成功(마따오청공/Ma dao cheng gong)'인데 '군대의 깃발을 펼치자마자 승리하다', '시작하자마자 좋은 성적을 얻다'라는 뜻이 있다.

'깃발을 높이 올릴수록 승리의 권좌를 얻을 수 있다'는 역사 속의 의미들은 자녀들이 좋은 대학으로 합격되기를 기원하는 열망에서 나온 것이다. 매년 반복되는 이런 현상으로 '치파오마마(旗袍妈妈)'라는 말까지 신문 보도가 되고 있다. 가오까오 시험을 치른 후에 2주 후인 6월 23~25일에 시험 성적표가 개별적으로 발표, 배포되는 것뿐만 아니라 점수대별 점유비까지 분석되어 공표된다.

가오까오의 만점은 750점이다. 문과와 이과의 평균 점수에 차이가 있으나 2021년 기준으로 칭화대, 북경대 등 최상위 5위권까지 합격은 690점 이상은 되어야 하는 것 같다.

출처: 中国 红网

[중국 신문보도된 가오까오(高考) 당일의 치파오마마(旗袍妈妈)]

현재 상무위원들 대부분이 최상위 대학을 졸업한 인재들이기에 이 대학에 들어가면 인생이 바뀐다고 생각을 한다. 중국 학부모의 자녀 교육 열기는 우리나라의 열기 못지않다.

인생의 향방을 가르는 결정적으로
중요한 선택이 있다.
중요한 선택지가 자신의 경험이
부족한 상태에서 주어진다면
최상의 방법은 자신이 할 수 있는 최선의 노력을
통해 경험의 부족을 메울 수는 있을 것이다.
만일 좋은 결과가 아니더라도….
최선을 다한 후의 선택이라야 그나마 다른 형태로
또 다른 기회가 주어지기 때문이다.

SITUATION 13
중국 딜리버리의 명암(明暗)

나도 모르는 사이 중국 직장인의 생활 패턴대로 스며들며 살고 있구나 라고 느낄 때가 있다. 평일 점심에 딜리버리(外卖/Wai mai)를 자연스럽게 시키고 배달원이 도착하면 전화를 받고 사무실 로비 앞에서 음식을 받아 올 때 이런 생각을 하게 된다..

매일 점심시간에 상해 완샹청(万象城/Wan xiang cheng) 사무실에서 지하의 식당가까지 내려가려면 시간적 거리도 문제지만, 신관빙두(코로나19) 기간에는 모바일 Alipay APP상의 지엔깡마(健康吗)를 보여 주고 체온을 점검하고 들어가야 하는 번거로움도 있고 점심시간에 너무 많은 오피스 직원들이 한꺼번에 몰려서 그 많은 식당에도 자리가 없는 경우가 많다.

중국에서는 우리나라와 같은 거리두기, 식당 입점 제한, 테이블의 칸막이 등은 없었다. 물론 봉쇄 기간에는 사무실, 식당, 쇼핑몰 모든 것이

셧다운되었다.

평소에 중국의 양대 딜리버리 플랫폼인 메이투안(美团/Mei tuan) 앱(APP)을 다운받아 메이투안 공유자전거를 타고 출퇴근하고, 웨이신 플랫폼 내의 위챗페이(Wechat pay)에 메이투안 딜리버리가 연동이 되어 있어 익숙하게 메이투안을 통해 점심을 배달시켜서 사무실에서 식사를 해결하였다.

메이투안은 중국의 최대 생활소비 플랫폼인 따중뎬핑(大众点评/Da zhong dian ping)과 2015년에 합병되어 딜리버리와 생활소비 플랫폼이 합쳐진 '따중메이투안(大众美团)'으로 탄생하였다. 따중뎬핑은 우리나라의 요기요나 미국의 옐프(Yelp)처럼 음식점의 평가, 추천, 쿠폰 판매, 광고를 시작으로 생활에 전반에 필요한 쿠폰과 예약 등 가장 많이 이용하는 생활소비 플랫폼이다. 딜리버리 메이투안과의 합병은 큰 시너지를 발휘하였다. 메이투안의 최대 주주(段东/duan dong)가 텐센트(Tencent), 텅쉰(腾讯/Tengxun)으로 메이투안의 지분 17%를 가지고 있다. 창업주인 왕싱(王兴/Wang xing)의 9.7%보다도 많은 지분이지만 경영권은 왕싱에 의해 운영되고 있다. 최대 주주인 만큼 합작도 자연스럽게 웨이신과 따중메이투안이 연합하게 되어 웨이신의 플랫폼에 따중뎬핑과 메이투안이 결합되고 지불수단으로 위챗페이가 사용되는 생태계가 구축된 것이다.

이 지분 관계와 합작 형태는 이후 알리바바그룹의 생활소비 플랫폼인 코우베이(口碑/Kou bei)와 양대 딜리버리 플랫폼 중 다른 한편인 '으어러머(饿了么/e le me)'의 병합 배경에 영향을 미치게 된 것이다.

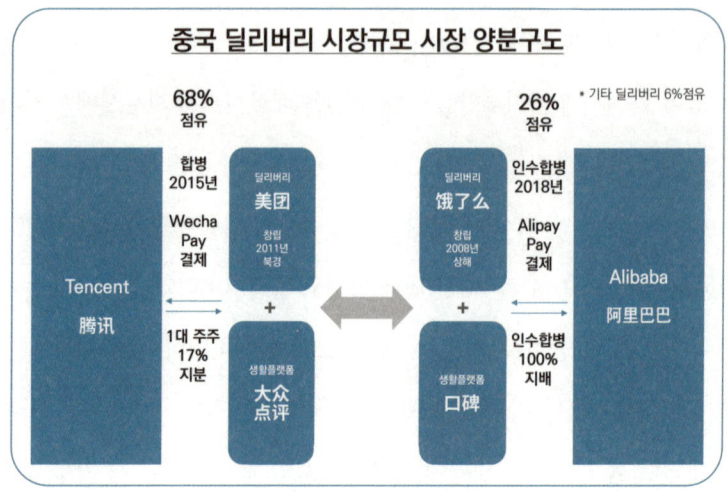

[양대 딜리버리 플랫폼의 기업 관계도]

중국 딜리버리 시장의 규모는 2020년 기준 약 8,352억 위안(한화 142조 원)으로 알려져 있다. 연간 이용자수는 5억 명에 전체 주문 건수가 171억 건으로 인당 34건으로 상당한 수준에 있다. 연간 평균 성장률이 무려 37%에 달할 정도로 고성장하고 있다. 2011년까지만 해도 216억 위안이었으니 9년 만에 약 40배의 규모로 커진 것이다. 두 업체의 시장점유율이 94%에 달한다. 이 큰 시장이 위의 구도와 같이 텅쉰과 따중 메이투안 연합군과 알리바바그룹과 양분되어 첨예하게 경쟁하고 있다.

자세하게는 두 그룹의 '딜리버리 + 생활소비 플랫폼 + Pay 결제 + IT지원'이 전면적으로 대치되고 있는 것이다.

대외적으로는 텅쉰은 게임산업에 전략적 집중을 하고 알리바바는 신소매 신유통에 집중한다고 하여 대립 구도가 없을 것 같지만 실상은 직접 대립의 관계인 것이다. 알리바바그룹에서는 전략적으로 딜리버리 으어러마의 시장점유율을 높이고자 알리페이 플랫폼과 협업한 모델로 허샤오마(盒少马/He shao ma)라는 아침 식사와 스낵킹 전문 키오스크(Kiosk) 브랜드까지 만들어서 딜리버리 전용함을 설치하고 으어러마 딜리버리만 운영되도록 만든 사업모델을 론칭하였다.

[알리바바그룹의 盒少马 KIOSK]

[알리바바 으어러마 전용 딜리버리 수납함]

이러다 보니 경쟁 과열 현상이 빚어지게 되어 정부 당국의 규제를 받게 되었다.

각 지역마다 메이투안과 으어러마가 서로 폄훼하고 둘 중에 하나를 선택하라는 강요와 같은 부정당 행위가 이어졌다. 결국 각자 부정당 경쟁 소송으로 수백만 위안씩 배상하는 일이 비일비재하였다.

시장 점유율이 가장 큰 메이투안이 2020년 4월 시장감독국에 입건 조사를 받게 되었다.

이유는 메이투안과 제휴하는 상점에 메이투안과 으어러머 중 양자택일하라는 선택을 강요받았다는 제보로 시장감독총국이 나선 것이다.

메이투안은 입장문을 내고 고객의 합법적인 권익을 위해 노력할 것이라고 밝혔지만 결국에는 전체 매출액의 3%에 달하는 거액의 벌금이 부과되었다. 2020년 메이투안의 매출액은 1,147억 위안(한화 약 22조

원)이었고 벌금은 34억 위안(한화 약 6천억 원)에 달했다. 경상이익이 43억 위안이었으니 대부분의 이익금액을 벌금으로 납부해야 하는 상황이었다.

한편으로는 상인들의 입장에서는 메이투안의 연간 매출과 이익, 벌금의 천문학적 액수가 뉴스로 전해지면서 딜리버리 수수료로 벌어들이는 이익이 상당하다는 의심을 하였다. 높은 수수료에 대한 불만이 표출되기 시작했다. 각 지방의 음식업 협회 등에서 코로나 기간에도 메이투안이 수수료를 낮추지 않고 오히려 인상하고 있다고 각 지방정부 상무국에 고발을 하기 시작한 것이다. 실제 초기 딜리버리 수수료가 판매가의 14~15%에서 시작하였다가 현재는 18~20%까지 수수료를 내고 있으니 상인들의 입장에서는 딜리버리로 변화된 시장 환경에서 안 할 수도 없는 입장이어서 억눌렸던 불만이 한꺼번에 쏟아져 나왔다.

충칭, 운남, 산동, 광동 지역의 음식업 단체에서도 입장 표명 및 공식 고발 문서를 시장감독국에 보내기 시작했다.

이런 배경과 함께 으어러마와 경쟁하면서 반독점 혐의까지 겹쳐 정부의 위에탄(约谈/Yue tan/사전면담)까지 수차례 받았다. 반독점 행위 금지, 수수료의 개혁과 아울러 문제시된 딜리버리 기사들의 처우 개선, 식품 낭비에 대한 플랫폼 자구 노력 개선 요청에 향후 미래 신규 사업모델에 대한 불확실성으로 2021년 5월 10주 연속 주가가 하락을 하며 시가총액으로 1조 2천억 홍콩달러(한화 약 186조 원)가 증발하고 고점 대비 반토막이 나는 상황까지 발생했다.

메이투안 1천만 명, 으어러머에는 3백만 명의 배달기사를 보유하고 있는 것으로 알려져 있다. 2021년 7월 말 중국 시장감독총국, 국가인터넷사무소, 국가발개위, 공안부, 인력자원사회보장부, 상무부, 전국총공회연합 등 정부 7개 부문이 [인터넷찬음(餐饮) 플랫폼 배달 인원의 권익 보호를 위한 의견]을 공동 성명 발표하였고 배달 인원의 정당한 권익 보장을 전면적으로 요구하였다.

앞선 2년 전인 2020년에 [배달기사, 고난은 시스템에 있다]라는 보고서가 이슈가 되어 메이투안과 으어러마 주문 시스템의 알고리즘 개선을 요구했었는데, 이를 계기로 정부가 전면에 나선 것이다.

주요 내용은 최저임금 보장, 근로환경 개선, 시스템 알고리즘 개선으로 주문량, 정시 도착 등을 합리적으로 조정하고 식품안전에 대한 교육 활동, 사회보험 부담, 노조조직 설립 추진 가능토록 요구한 것이다.

이런 배경으로 메이투안은 배달 인원에 의존하던 배송방식을 무인 배송 차량 테스트를 북경시의 순의구에서 실제 주행 테스트까지 시행하였다. 현재도 순의구의 약 20개 아파트 단지에 배치되어 있다. 일 3.5만 건, 반경 3km를 6분 만에 날씨 환경에 상관없이 배송을 하면서 기존의 배달기사를 대체할 수 있는 방안을 지속 시험 연구 하고 있다.

수수료 부분에서도 메이투안은 웨이신 공식계정을 통해 '가맹점과의 소통을 통해 더 투명하고 합리적으로 운영할 방법을 모색하고 기술 서비스료와 배송 서비스료를 분할하여 서비스하겠다'라고 하였다. 배송 서비스 요금은 가맹점에서 플랫폼 배송을 선택할 때만 발생하며 시간, 거리, 단가의 세 가지의 요소에 따라 변화하고 새로운 수수료 개선 방식은 이전보다 더 투명성이 보장되고 가맹점에서 배송 서비스 사용의 선택권을 보장한다라고 설명했다. 이런 공식 발표에 음식업협회 등에서 개최한 좌담회에서 실제 사례를 들며 3km 이내는 다소 하락하지만 3km 이상 주문이 많을 때는 전혀 효과가 없다고 반박하며 수수료의 투명성 문제가 아닌 근본적으로 높은 수수료로 인한 경영 압박이 문제라고 하였다. 딜리버리 플랫폼의 종합 비용을 낮추어 상가의 지속적 경영을 보장해 줄 것을 요구하는 상태가 서로 계속 대치되고 있다.

메이투안의 미온적인 대응에 대비 으어러마에서는 플랫폼에서 거두는 실제 수수료를 낮출 수 있도록 플랫폼의 운영 비용을 개선하겠다고 하여 간접적으로 메이투안을 견제하기도 하였다.

여러 방면에서 궁지에 몰리고 있던 메이투안의 창업자 왕싱(王興)은 홍콩에 상장된 주식 보유분 중에서 주식 10%를 경영상 의결권이 있는 A형 주식을 B형 주식으로 전환하고 이 주식을 왕싱기금회에 사회적으로 사용을 요청하며 기부하였다. 총액수는 179억 위안(한화 약 3조 원)에 달한다.

거액의 기부 배경에는 반독점에 대한 정부의 날카로운 시선을 피하고자 함에 있었다. A형 주식은 경영상 의결권을 10의 투표권이 있다고 하면 B형 주식은 1의 투표권으로 경영 의결권 약화를 회피하기 위한 것으로 방식 자체도 그리 고운 시선으로 바라보지는 않았다.

중국 딜리버리 시장이 고도화되면서 소비자와 사업자의 요구 조건이 점차 높아지고 있는 상태이다.

한편으로 중국의 딜리버리와 같은 서비스업의 확대됨으로 인하여 중국의 산업 구조도 변화를 하고 있다.

중국의 배달원들은 평균 월 7천~8천 위안으로 대졸자보다 많은 급여를 가져간다. 이런 실질 급여의 차이로 지방에서 건설노동자로 도시에 오던 농민공(农民工)과 제조업대국의 밑거름이던 공장근로자들이 배달원으로 직업을 전환하여 취업 인구가 급격하게 서비스업으로 몰리고 있다.

중국 국가통계국에서 발표한 2020년도의 GDP와 그 산업별 구성의 발표에 따르면 총 GDP는 101조 위안으로 코로나 전인 2019년 대비 +2.3% 성장하였다.

산업별 현황을 보면 1차 산업은 농수산업 분야는 7.7조 위안 전년비 +3% 성장, 2차 산업인 제조업 분야는 38.4조 위안 전년비 +2.1% 성장, 3차 산업인 서비스업 분야가 55.3조 위안 전년비 +2.1% 성장으로 통계 결과를 공개하였다.

산업별로 경제 비중을 보면 1차 산업이 7.7%, 2차 산업이 37.8%, 3차 산업이 54.5%로 과거 제조업 대국에서 서비스업으로의 변화가 뚜렷하다.

전체 세계 경제에서 중국이 차지하는 비중이 17% 이상이니 3차 산업의 규모는 상당한 수준이다.

중국 정부로서는 산업 구조에 대한 고민이 많다. 전략적으로 육성을 해야 하는 반도체, 바이오 산업은 많은 정부 투자에도 원천 기술의 문제로 우리나라와 미국 등에 크게 뒤처져 있는 상태이다. 미래산업으로 뒷받침이 되야 하는 IT산업은 생활과 관련된 사업으로 국내 내수 시장만으로 육성이 잘 되고 있으나 이렇다 할 원천기술력이 확보되는 산업은 아니다 보니 전략적으로 정부가 육성을 해야 할 분야도 아닌 것이다. 이런 배경으로 중국 내의 반독점적인 행위를 하는 IT기업들이 정부의 뭇매를 맞으면서 해외에서의 상장도 IT기술 유출이라는 명목하에 글로벌 기업 활동에 제약을 받고 있다.

중국의 딜리버리산업은 5억 명의 소비자에게는 편리함을 주고 있으나 중국 정부에게는 반독점 경쟁, 배달원의 처우 개선, 음식업계의 경영 부담, 일회용 포장재 남용에 의한 환경문제 등 관리상 개선을 해야 하는 심적인 불편함을 주고 있는 상태이다.

모든 현상에는 명(明)과 암(暗)이 있다.

그 밝음과 어두움이라는 것은
어떤 선택에 의한 결과이다.
사회 구성원들의 선택에 의한 결과가
사회의 명과 암을 만들어 낸다.
어두운 부분을 밝은 곳으로
끌어내려 노력해 보지만
수많은 사람과 오랜 시간에 거쳐 선택해 온
결과물이 쌓여 만들어진 단단한 것이기에
그로 인한 무게감은 쉽게 옮겨질 수 있는 것이 아니다.

또한 어두운 부분에 남아 있기를 원하는
기득권을 가진 구성원도 있기에
밝은 곳으로 끌어내는 노력은 한순간에
한두 명의 노력으로 되는 것은 아니다.

어둠이라는 커다란 산을 여러 사회 구성원이
한 줌씩 옮기다 보면 어느새 그 위치는
변해 있을 수도 있다.

SITUATION 14
중국 기업 하이얼(海尔)과 쑤닝(苏宁)

2015년 가을 무렵 한 통의 전화가 산동성 칭따오로부터 왔었다.

하이얼 본사 마케팅팀인데…. 파리바게뜨와 제휴를 해 보고 싶다는 내용이었다.

하이얼(海尔/Haier)은 중국의 대표 가전브랜드 그룹으로 중국 가정에 하이얼 가전이 없는 경우는 못 본 것 같다. 냉장고, 세탁기, 에어컨, 텔레비전 등 우리나라의 삼성과 LG와 같은 백색가전 업체로 시작하여 세계 시장점유율도 거의 1위에 가까운 전자산업 그룹으로 성장하였다.

전화 통화 후 1주 뒤에 하이얼의 초청으로 칭따오(青岛)에 있는 하이얼 본사를 찾아갔다. 정식 미팅 후에 하이얼 측의 안내로 본사 내부에 있는 하이얼 역사관을 방문하였고 거기서 하이얼의 발전 모습에 대해서 알게 되었다.

1984년 중국 정부의 주도로 당시 소비가 늘면서 필수 가전인 냉장고를 생산하는 책임을 맡는 칭따오디엔빙샹총창(青岛电冰箱总厂/Qing dao dian bing zong chang)이 산동성 칭따오에 설립되었다.

회사 설립과 함께 장루이민(张瑞敏/Zhang rui min) 회장이 취임을 하였다. 운영초기 냉장고의 품질이 좋지 않으면 품질 불량 냉장고를 쌓아 놓고 유명한 '장루이민의 망치'로 온 직원이 보는 앞에서 때려 부수는 행동으로 품질 우선 주의를 실천하였다.

직원들에게는 다소 충격적이지만 계몽적인 품질 관리 방식이었다. 왜 그랬을까?

[하이얼 칭따오 본사 외부 및 내부 / 하이얼 전시관 장루이민의 망치]

하이얼 역사관 직원에게 설명을 들은 당시 상황은 이렇다. 칭따오는 당시에 냉장고를 조립하기에는 글자도 모르는 농민 출신의 직원들이 대부분이어서 매뉴얼을 읽을 수도 없었다고 한다. 각 생산라인에 기술자들이 직접 설명을 해 가며 냉장고 생산 조립을 했다고 한다. 금형도 직접 생산을 하면서 많은 실패 사례들이 있었고 초기 생산된 냉장고의 품질이 기대 이하로 떨어졌다. 장루이밍 회장의 특단의 조치가 공장 마당에 갓 출고된 냉장고를 쌓아 놓고 '品质不好(Pin zhi bu hao/품질불량)'라고 하면서 망치로 냉장고를 부수기 시작한 것이다. 품질은 점차 향상되기 시작했다.

그런 하이얼이 1992년부터는 냉장고 외에도 세탁기, 텔레비전까지 생산하기 시작하였고 1999년에 미국의 현지 법인까지 설립하면서 현재 해외 122곳의 공장을 둔 글로벌 가전 그룹이 된 것이다.

하이얼이 처음부터 냉장고 기술을 가지고 있었던 것이 아니다.

1985년 지금도 사업 중인 독일의 리페르(Liebherr/利勃海尔/Li bo haier)와 기술 제휴를 통해 얻게 된 것이다.

당시 냉장고 생산 후 냉장고 브랜드 이름을 수많은 인민들이 읽지 못할 것으로 판단하고 인지도를 높이기 위해 만화 캐릭터 형태의 로고(Logo)를 만들었다.

중국과 독일의 기술적 만남을 상징하듯이 아시아인 남자아이와 콘아이스크림을 들고 있는 금발의 백인 남자아이가 '하이얼 형제'라고 명명

되어 만들어진 캐릭터형 로고다. 쌍둥이처럼 보이는 캐릭터 로고로 하이얼의 회사 이름보다 캐릭터로 인한 인지도가 더 높아지게 되었다.

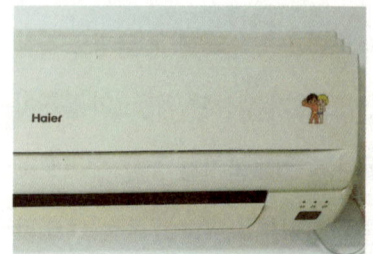 

[하이얼 에어컨에 부착된 하이얼 형제 캐릭터 로고]

하이얼가전의 2021년 연간 매출액은 2,276억 위안(한화 약 43조 원)이며 영업이익은 130억 위안(한화 약 2.4조 원)이다. 매출액은 전년 대비 +16%, 이익금액은 +47%로 견실한 성장을 이루고 있고 13년간 세계 가전시장점유율 1위를 차지하고 있다.

하이얼의 브랜드 하이어라키(Hierarchy) 전략을 보면 대중적인 브랜드는 전통적인 '하이얼' 브랜드로 대중 가전 브랜드화하고 상위급 브랜드로는 이태리 '카사띠(Casarte)'로 프리미엄 브랜드, 최상위는 과거 2016년 하이얼이 한화 6조 원에 인수한 미국의 GE가전 부문과 뉴질랜드의 피셔엔페이켈(Fisher&Paykel)을 최상위 가전 브랜드로 포지셔닝하였다. 2020년에는 이태리 가전 브랜드는 '캔디(Candy)'까지 38억 위안(한화 7천억 원)에 100% 지분 인수함으로써 유럽 가전 시장에서 시장점유율을 높이겠다고 선언하였다.

하이얼은 글로벌 가전 분야에서의 입지를 확고히 하겠다는 한 우물 파기 전략을 고수하고 있다. 장루이밍 회장의 망치처럼 품질 우선 주의와 정신을 계승하려는 하이얼 역사관에서 하이얼의 기업 정신을 느낄 수 있었다.

[하이얼 그룹 브랜드 전략 체계도 설명회]

중국의 가전하면 떠오르는 다른 기업은 가전 수리업으로 시작한 유통업계 1위인 '쑤닝그룹(苏宁/Su ning)'이다. 1990년 남경의 에어컨 판매와 수리를 하던 작은 매장이 9년여 만에 가전제품 전문 판매상으로 성장하게 되었다. 쑤닝그룹의 명칭도 이 에어컨 매장이 있었던 남경의 장수루(江苏路/Jiang su lu)와 닝하이루(宁海路/Ning hai lu) 사이에 있었다고 하여 '쑤닝'이라고 지어진 것이다.

가전 유통업계의 거물로 알려진 '장진둥(张近东) 회장'은 가전 유통 외에도 백화점, 편의점, 온라인 쇼핑사업 등으로 사업 범위를 넓히면서 '유통 공룡'으로 성장했다.

2009년에는 일본의 면세점 운영 업체이자 소매 가전 판매회사인 록스(Laox)까지 인수하고 2019년에는 프랑스 마켓 브랜드인 까르푸의 중국 법인 지분까지 인수하면서 사업 영역을 넓혀 나갔다. 이것으로만 그치지 않고 이태리 프로축구 세리에 리그 축구 명문 구단인 인터밀란(Inter Milan)의 79% 지분까지 인수하고 장수성의 프로축구단까지 운영하면서 전통적인 사업 영역 외까지 지나치게 확장을 하였다.

쑤닝그룹이 가지고 있는 쇼핑몰, 백화점, 가전전문점 등 점포수는 크고 작게 9,786점까지 도달하였고 연간 매출액은 4,163억 위안(한화 약 79조 원)에 달할 정도로 성장하였다.

결국 투자, 인수 방식에 의한 무리한 외형 확장은 온라인 유통채널의 가파른 상승세와 함께 오프라인 쇼핑몰이 쇠퇴하면서 캐쉬카우(Cash Cow)로 주력사업인 '쑤닝이궈(苏宁易购/Su ning yi gou)'의 매출 하락으로 이어졌다. 현금 흐름이 원활치 않게 되어 유동성 위기를 맞이하게 되었다. 그룹내 온라인 쇼핑 경쟁력은 강화하지 못한 채 신관빙두 시기를 맞으면서 그룹 전체 경쟁력이 더욱 약해졌다. 막대한 투자에 의한 현금 흐름 문제, 만회 불가한 매출 하락 등의 경영악화로 2021년 상반기에만 32억 위안 적자, 2021년 3분기에만 34억 위안의 적자로 걷잡을 수 없이 쇠락하였다.

그 결과로 뒤늦게야 장진둥 회장이 쑤닝이궈 핵심 사업 외의 모든 것을 철수하겠다고 하여 까르푸의 중국 지분도 매각하고 각종 투자 진행을 중단하였다. 하지만 오프라인 매장에 집중되어 있는 구조로 외형매출이 오르기 힘들었다. 현금 흐름 문제로 자금난을 겪는 상황에서 장진둥 회장의 지분 중 약 1조 6천억 원을 장수신유통혁신기금에 매각하면서 디폴트의 위기는 벗어났지만 이로 인한 그룹 경영의 의결권이 약화되었다.

2021년 7월 쑤닝이궈 이사회를 통해 장진둥 회장이 사임하게 되었고 쑤닝홀딩스 총재가 회장 대행을 맡으며 이사회 체제로 운영되었다.

당시 쑤닝홀딩스의 부채까지 대신 상환하고 지분율을 높인 알리바바 그룹이 제2대 주주로 등극하게 되었다.

중국 MZ세대의 대표 훈남으로도 유명하고 프로축구 인터밀란 구단주이자 쑤닝인터내셔널 해외 총괄이었던 장진둥 회장의 아들 장캉양(张康阳)만이 사외 이사로 선출되어 오너 일가로서 명맥을 유지하게 되었다. 물론 장진둥 회장의 지분은 지분 매각 후에도 20%의 지분을 가지고 있었으나 경영악화의 책임으로 현직 회장직에서 물러나고 명예회장 신분으로 이사회에서 선임된 전문 경영인에 회사 운영을 넘긴 상태이다. 현재는 인터밀란 구단도 사우디아라비아의 사모펀드에 매각을 협상하고 있고 북경의 쑤닝쇼핑몰도 경쟁 쇼핑몰 업체인 카이더(凯德/Kai de)에 매각하는 등 청산 및 자금 확보를 진행 중이다.

장진둥 회장은 27세부터 31년간 수닝그룹을 창업하고 키워 낸 입지적 존재로 중국 내에서 존경받아 왔었다. 하지만 한 우물을 파는 사업 전략이 아닌 헝다그룹과 같은 사업 다각화를 위한 투자와 인수합병을 통해 외형적인 성장에만 치중한 결과로 비극을 맞이하게 된 것이다. 공교롭게도 헝다그룹은 광동성에서 축구구단을 쑤닝은 장수성에서 축구구단을 운영하고 있던 공통점이 있어서 말 그대로 폼 나는 사업 경영 방식으로 위기에 내몰린 사례이다.

중국 기업 중에는 하이얼처럼 가전제품 전문 영역에만 몰두하며 창업자의 품질 우선 주의를 지속 계승하여 내실을 기하는 글로벌 가전 기업이 되었고, 쑤닝과 헝다처럼 본업을 잊고 핵심 경쟁력을 잃어버리면서 무리한 외형적 몸집 키우기로 유동성 위기에 빠져 창업자가 물러나고 기업은 타 기업에 경영 참여를 시키게 되는 아이러니함이 존재하고 있다.

시장경제가 아닌 사회주의 경제체제하에서도 기업의 핵심 경쟁력과 품질 중심 주의의 기업가 정신, 한 우물만을 파는 전문성이 중요한 사항이다.

'선택과 집중'을 모든 기업에서 얘기한다.
선택지를 복잡하게 하지 않고
스스로 정리하고 간결하게 한 후에
내부 능력, 경험과 노력에 의한 가능성 등
현실적인 판단을 하여 할 수 있는 능력에 비해
과하지 않은 선택을 해야 한다.
이 간단한 논리를 알지만
많은 기업들이 그러지 못한다.

'선택과 집중이 필요하다'라는 말을 할때는 이미 선택지가 능력 밖에 있는 것들이리라….

과한 선택은 감내하지 못할 상황을 가지고 온다.

[하이얼 전시관 입구]

SITUATION 15
중국 화교(华侨) 기업 'CP정따그룹(正大)'

2016년 여름에 태국 CP Food라는 회사에서 중국 출장 방문 기간에 파리바게뜨 매장을 보고 싶다고 한국 본사를 통해 연락을 받았다.

2주 뒤에 전무급의 임원 한 분과 통역사를 상해 오각장 인근의 투숙 중인 호텔로 찾아가 만나고 중국 파리바게뜨 1호점 구베이점부터 주요 매장들을 안내하였다.

그 임원에게 받은 명함에는 CP Group CI와 함께 CP Food가 운영 중인 브랜드 로고가 있었는데, 태국 내 편의점 세븐일레븐과 베이커리 브랜드를 운영하고 있다고 설명을 들었다.

우리 점포의 환경과 제품을 보고 나서 인상깊게 봤다며 여러 질문들을 쏟아 내었는데 '베이커리에 진심이구나'라는 열정을 느낄 수 있을 정도였다.

저녁 식사 초대까지 받았지만 정해진 업무 일정으로 정중하게 거절한 기억이 있다.

그 후 5년 뒤 중국에서도 편의점을 중심으로 도시락과 샐러드 등 경식, 칭스(轻食/Qing shi) 시장이 커지면서 우리나라의 상황과 동일하게 HMR(가정간편식/Home Meal Replacement)을 기획하게 되었다.

시중의 냉동 냉장 HMR식품을 조사하다가 샘플 중 익숙한 브랜드를 보게 되었다.

CP food의 명함에서 본 CP그룹 CI와 함께 중국 기업 명칭으로 CP 正大食品(Zheng da shi pin)이 패키지에 인쇄된 HMR상품이었다.

중국의 가정간편식, 경식이 대부분 중소업체에서 생산되어 내용물의 구성이나 맛 품질이 기대치에 미치지 못했지만 CP정따식품의 제품은 어느 정도 우리나라의 HMR과 비슷한 수준의 품질 수준을 갖추었다.

곧바로 CP정따식품으로 연락을 하고 영업, 마케팅 총감급들을 상해 사무실로 초대하였다. OEM생산 및 PB브랜드화 기획이 가능한지 확인하고 8개월 간의 기간으로 프로젝트를 시행하게 되었다.

2021년 6월 HMR상품의 사양이 확정된 상태에서 CP그룹 산동성 칭따오공장으로 초청받아 방문하게 되었다.

칭따오 공항에서 차량으로 40분 정도 후 도착한 CP정따식품 공장은 웬만한 공장보다 큰 규모로 입구부터 압도되는 느낌이었다.

[CP정따식품 칭따오 공장 로비]

전체 공장에서 생산하는 품목이 HMR 및 중국의 전통 빠오즈(包子/Bao zi)와 쟈오즈(饺子/Jiao zi) 등 다양한 중국 식품들이 생산 인원이 거의 없는 자동화 라인으로 생산되고 있었다. 공장과 설비 규모도 2,300억 원을 투자하였고 중국 미래시장의 성장을 고려하여 결정했다고 설명을 들었다.

그러면서 자연스럽게 공장의 견학 통로에 있는 기업역사 설명 공간에서 CP그룹의 역사에 대해 듣게 되었다.

창업자인 씨에이추(谢易初/Xie yi chu), 씨에샤오페이(谢少飞/Xie shao fei) 형제는 중국 광동성 출신의 한족(汉族)으로 큰 태풍으로 인해 광동성이 황폐해지자 20대의 나이에 태국 방콕으로 건너가 채소 종자와 사료, 양계 사업으로 1921년 CP그룹(Charoen Pokphand

Group/태국어로 차론 폭판드 그룹/중국에서는 정따그룹)의 전신인 회사를 세웠다는 것이다.

[중국 한족 이민자가 세운 태국 재계 1위 CP그룹 창업자 씨에 형제]

CP그룹은 태국 재계 1위 기업으로 CP All 물류회사, CP Food, 통신, 미디어, 농축산업, 제약, 부동산, 무역, 오토바이, 플라스틱 등 연매출 75조 원, 태국 편의점 시장점유율 65%, 세븐일레븐 1만 2천 개 및 태국의 KFC, Tesco 운영권, 자체 브랜드인 마크로(Makro)라는 창고형 마트 등 태국에서 사업 영역이 없는 곳이 없을 정도로 영향력이 가장 큰 기업이다.

세계의 닭고기 가금류 생산업체로는 시장점유율 3위의 글로벌 기업이다.

창업자 씨에 형제는 1950년 중국으로 돌아와서 식량의 기초가 되는 종자 육성을 위한 활동을 하였고 북경대, 복단대, 북경농업대학 등에 관련 연구 활동도 지원하면서 US달러로 60억 달러를 투자하며 중국의 최초 1호 외자기업이자 중국 한족이 세운 화교 기업으로 사회적 책임을 다하였다.

1980년대 덩샤오핑의 개혁개방 정책 표방 시 가장 먼저 중국 대륙에 진출한 기업이다.

현재 일본 요시노야의 중국 대륙 내 운영권과 Lotus(卜蜂莲花/Bu feng lian hua)라는 대형슈퍼마켓체인과 정따광창(正大广场/Superbrand mall)이라는 종합쇼핑몰도 상해 포함 중국 내 4곳을 운영 중이다. 유통업계뿐만이 아니라 금융보험 업계에서도 중국 2위 보험사인 핑안보험(平安/Ping an)의 최대 주주이기도 하다.

[CP 정따그룹 2대 경영진과 시진핑 주석과 면담하는 씨에궈민 회장]

CP그룹은 중국인이 창업한 해외 기업으로 한 국가에서 재계 1위를 차지할 정도로 태국과 중국 양국에서 막강한 영향력을 행사하고 있다. 현재 그룹 회장인 씨에궈민(谢国民/Xie guo min) 회장은 장쩌민 주석

및 시진핑 주석의 초청을 받아 단독으로 중국 내 투자 면담까지 하였다.

이런 배경으로 중국 내에 식품 트랜드 변화를 주도하기 위해 CP정따 식품 공장을 칭따오에 세우고 과거 중국의 식품 업계 성장 발전에 도움을 준 것처럼 미래 중국의 식품업계에도 큰 영향력을 발휘할 것으로 보인다.

중국인 이민자 1세대가 동남아시아 및 미국 등에 정착하면서 지역사회를 구성하고 기업을 창업한 사례가 유대인만큼 많다.

화교(华侨/Hua qiao) 또는 화런(华人/Hua ren)으로 불리우는 중국 이민자들은 우리나라뿐만이 아닌 전 세계에 차이나타운(唐人街/Tang ren jie)을 이루면서 지역사회에 영향을 미치고 있다. CP정따그룹의 경우 해외 화교 기업으로 현지뿐 아니라 창업자의 고향인 중국 경제 성장에 투자 형태로 도움을 주고 있는 것이다.

과거 화교 사회의 영향력이 유대인과 함께 전 세계에 미치는 경제적, 정치적 영향력이 컸지만 현재는 미국과의 무역분쟁과 반중국 정서의 확대로 상당히 위축되어 있다.

중국 정부가 현재와 같이 세계사회에서 고립적인 정책으로 고집을 한다면 세계 각국의 화교 사회에 큰 부정적 영향을 줄 수밖에 없을 것이고 그 영향력도 점차 축소될 것이다.

SITUATION 16
중국의 육가공업

중국의 식재료 중에서 현지 입맛에 맞추어진 서양의 것과 유사한 음식 재료들이 있다. 그중의 하나가 중국식 소시지인 '라창(腊肠/La chang)'이라고 하는 소시지와 유사한 육가공식품이다.

광동, 광시, 사천, 호남, 상해 등 주로 남부지방에서 돼지고기를 소금에 절이고 설탕과 술, 장유(酱油) 등으로 조미하여 '창의(肠衣/Chang yi)'라고 부르는 돼지의 소장 안에 넣고 건조하여 만든 것이다. 얇게 절편하여 밥을 지을 때 같이 넣거나 반찬으로도 간장과 뜨거운 기름으로 조리해서 먹는 형태의 음식이다. 서양의 소시지와 거의 같은 방식이다.

라창을 처음 접했을 때는 먹기에는 특유의 냄새로 부담스러웠는데, 밥에 같이 쪄서 나오거나 반찬 형태로 뜨거운 기름을 부어 조리해서 나오는 경우에는 먹기에 나쁘지는 않았다.

중국에서 소시지를 부르는 이름은 '샹창(香肠/Xiang chang)'이라고 부른다. 소시지라는 외국어 단어는 거의 사용하지 않는다.

빵과 잘 어울리는 원료가 소시지이기에 조리빵의 품질을 위해서는 주재원으로 온 초기부터 샹창의 맛에 민감할 수밖에 없었다.

이전의 샹창이 말 그대로 중국 특유의 냄새가 나고 내용물은 고기의 식감이 전혀 없이 완전히 고기가 갈린 형태로 우리나라의 예전 진주햄 소시지처럼 내상이 연분홍색에 맛도 소시지라고 보기 어려운 통념상의 소시지와는 완전 다른 것이었다. 당연히 빵과도 어울리지 않아서 빵의 전체적인 맛까지 침범할 정도로 향과 맛이 독특하고 강하였다.

가장 첫 번째로 품질적으로 개선을 해야 할 중요한 문제였다.

2015년 초 우연치 않게 상해에서 차량으로 1시간 거리인 쑤저우(苏州/Su zhou)에 일본 기술로 지어진 육가공 공장이 있다고 하여 찾아가 보게 되었다.

찾아간 공장은 다름 아닌 대만 딩신그룹(顶新/Ding xin)에서 중국 본토에 세운 강스프(康师傅/Kang shi fu)그룹의 자회사인 강프식품의 공장이었다. 일본 육가공 3위 업체인 프리마햄사와 기술 제휴를 통해 일본의 공장과 동일한 형태로 지은 것이다. 3만 평이 넘는 부지에 1만 평 정도의 공장 1개 동을 세운 지 1년밖에 안 된 새 공장이었다. 일본인 기술 고문까지 상주하고 있어서 생산라인 설비 투자 후에 초기 품질을 잡아 나가고 있는 모습이었다.

강스프 그룹은 주력사업인 라면회사로 성장하면서 면사업, 닭고기를 주로 하는 중국형 KFC라고 하는 3천 개 점포가 넘는 Dicos(德克士/De ke shi), 일본 편의점인 패밀리마트(Family mart) 4천 개 매장의 중국 운영권, 펩시콜라 운영권까지 확보하고 웨이췐(味全/Wei quan)이라는 요구르트, 우유, 음료류로 유명한 완제음료 브랜드까지 운영하고 있는 대기업이다.

2021년 연간매출액이 741억 위안(한화 14조 원), 전년비도 9.5%의 고신장을 하고 있는 상태였다. 이 중에서 라면의 점유비가 45.7%로 7조 원에 가까운 중국 제1위 라면 업체이다. 중국 내 라면(方便面/Fang bian mian) 시장의 점유율도 48%로 2위인 대만의 통일그룹(统一/Tong yi)과 격차가 많이 벌어져 있는 상태이다.

내부적으로도 육가공 자회사는 수직계열화를 위해서도 필요한 상태로 보였다.

빵과 어울리는 소시지 개발을 위해 우리나라의 파리바게뜨 소시지를 참고로 개발을 시작하였고 약 4개월에 걸친 반복된 실패 끝에 맛과 식감, 육즙 정도, 소시지의 겉껍질이라고 하는 케이싱(Casing)의 질감까지 유사하게 맞출 수 있었다.

확실하게 이전의 맛과 구별이 되고 빵과의 어울림도 맛과 식감이 개선되면서 관련된 조리빵의 매출은 급성장을 하였고 신제품도 다양하게 개발될 수 있었다. 아예 소시지 상품이 우리나라에서 시도했을 때는 매장에서 잘 팔리지 않았는데, 품질에 자신감이 붙으면서 상품용 소시지로도 출시를 하니 상품류의 매출 1위까지 오를 정도로 매출 기여도가 높아졌다.

이런 협력업체의 도움을 통해 육가공 제품의 품질은 중국 내에서 파리바게뜨의 품질 역량을 높이고 경쟁사와 차별화하는 데 큰 도움이 되었다.

이후 여러 육가공 업체를 찾고 품질을 비교하면서 개량을 계속해 나갔는데 그러다가 알게 된 사실은 중국의 육가공 기술력이 아직은 서양과 우리나라의 기술 품질 수준에 많이 못 미친다는 사실이었다.

우선 미국 백년 기업인 육가공업체 Hormel(荷美尔/He mei er/미국 미네소타주 1891년 창업)의 경우도 1994년에 북경에 싼위엔그룹(三元集団)과 공동투자하여 중국 내 육가공 상품을 론칭하였다. 이후 2차 세계대전의 전투식량으로도 유명하고 밥반찬으로 유명한 스팸(Spam)을 인수하게 되면서 중국 내에서도 호멜 소시지와 스팸을 판매하였다.

문제는 호멜의 미국 생산 소시지와 중국 생산 소시지의 맛 품질 차이가 완전히 다른 제품으로 느껴진다는 것이다.

250~400g의 상품용 소시지 판매가격은 35~45위안으로 우리나라와 유사한 판매 가격이고 포장 형태도 외형상으로 큰 차이를 느끼지는 못한다.

다만 먹어 보면 소시지의 맛이 중국의 전통적인 '라창(腊肠)'과 유사한 중국인만이 아는 독특한 맛과 향을 지녔다는 것이다.

[중국 마트의 소시지 상품]

수년간 육가공 협력업체 파트너로 같이 했던 강스프그룹의 자회사가 그룹 내 공급만을 전문으로 하는 운영 방식으로 전환되면서 협력 업체를 변경할 수밖에 없었다. 호멜(Hormel)사와도 거래를 해 보았으나 품질 요구사항의 차이로 협력이 가능한 다른 업체를 찾다가 결국 국영기업인 중량그룹(COFCO/中粮/Zhong liang)의 육가공사업부를 통해 육가공 원료와 상품을 변경하였다.

중량그룹 육가공사업부가 자체적으로 운영하는 Maverick(万威客/Wan wei ke)도 나쁘지는 않은 품질이었지만 결국은 다른 중국 소시지와 동일한 특유의 맛과 향이 있었다.

요구한 배합과 사양으로의 변경은 생각보다 용이하게 되었고 이전 상품용 소시지의 문제였던 소시지 패키지 내의 이수 현상도 개선을 하는 등 나름의 육가공 기술력과 노하우가 있는 업체였다.

강스프그룹의 자회사도 미국 백년기업인 호멜사도 일본과 미국의 육가공 기술력으로 품질이 뒤쳐질 리가 없는데 왜 이런 낮은 품질의 소시지를 생산하고 있을까? 라는 의문점이 들기 시작했다.

우선 공통점은 모두 중량그룹으로부터 돼지고기와 닭고기 등을 원료로 공급받고 있다는 것이다.

중량그룹은 중화인민공화국 건국 1949년부터 최초이자 최대 농산물, 축산물, 식재료 식품 등 식량 수출입기업이자 생산기업이다. 중국의 인민 식탁을 책임지는 사회주의 국가의 국영기업이다 보니 당연한 것일 텐데, 완전 시장경제 국가의 시각에서 바라보니 이상함을 느낄 수밖에 없다.

식품이라는 것은 그 나라의 역사와 문화를 배경으로 대중들의 입맛에 맞추어 발전돼 온 것이다 보니 서구의 음식 재료인 소시지도 중국의 입맛에 맞추어 현지화했겠구나라는 나름의 답을 얻었다.

원하는 품질 사양을 요구하면 충분히 개발이 가능한 능력을 지녔는데, 아직 대부분의 중국 고객은 '라창'과 같은 고유의 맛에 길들여져 있어서 단번에 적응 못 할 서구적 입맛의 제품 사양으로 변경을 안 한 것뿐이었다.

계속 이런 중국만의 맛으로 운영하기에는 시장도 고객의 입맛도 변하기에 어려움이 있을 것이다.

중국에서도 4억 명 정도 가량이 해외 경험이 있는데 해외에서 맛을 본 소시지의 맛을 중국 내에서 찾는다면 중국의 육가공 업체도 글로벌적인 입맛에 맞추어서 배합과 사양에 변화를 줄 수밖에 없을 것 같다.

중국의 육가공 업체들이 우리나라에서 많이 하고 있는 無보존료, 無착색제 등 무첨가물, 건강 콘셉트와 돈육 함량 증대 등 고품질 원료와 건강 콘셉트를 홍보하는 마케팅을 아직 범용적으로 활용하고 있지는 않다.

첨가 물질도 많고 돈육만을 쓰는 것이 아니라 계육을 섞어 쓰기에 돈육의 함량이 상당히 낮고 부족한 육즙을 위해 지방칩을 넣는 경우도 많다. 품질의 비교 대상이 될 만한 수입 소시지가 없기 때문이기도 하다.

중국의 경우 외국에서 육류가공품은 수입을 금지시켰기에 정상적인 수입 방식으로 중국 내에서 볼 수 있는 수입 육가공식품은 없다.

또 다른 이유는 〈315완후이〉를 통해 소비자의 권익 의식을 고취시키려는 정부의 노력은 있으나 소비자 스스로 가공품과 첨가물에 대한 학습도 부족하고 첨가물에 대한 지식을 습득할 수 있는 사회 프로그램도 없기 때문이다.

〈315완후이〉에서 트랜스지방의 안 좋은 점이 방영된 후 부정적 인식이 높아져서 팜유나 마가린을 사용하는 식품은 상당히 부정적인 시각으로 보고 구매도 하지 않으려 한다. 하지만 트랜스 지방을 뺀 마가린이 많다는 사실은 잘 모르고 무조건 식물성유지 및 마가린을 배척하는 인식이 지배적이다.

첨가물에 대한 정확한 정보 습득을 통해 소비자로서의 건강을 추구할 권리 향상과 사용해도 안전한 식재료에 대한 사리분별 능력 향상이 중국 가공식품의 품질과 식품안전상의 발전을 가져다줄 수 있을 것이다.

상대적으로 비교 가능한 경쟁 상품과 소비자의 정보력과 인식의 향상이 중국 육가공상품의 변화도 촉진할 것이다.

사회주의 국가에서 소비자 선택의 폭이 넓어지는 완전한 시장 경쟁 상품 판매와 소비자로서 많은 정보를 얻을 수 있는 자유로운 언론과 프로그램을 기대하기는 어렵겠다라고 생각하게 된다. 중국서 살다 보면 잊어버리게 된다. 여기가 사회주의 국가라는 것을…. 간혹 우리나라와 차이점을 느끼고는 사회적 분위기가 달라질 수 없다는 아쉬움도 더 크게 느끼게 된다.

주재원이나 해외 이민자가 다른 환경의 국가에서
처음 겪어 보는 선택지는 어떻게 결정하게 될까?
결국은 성장해 온 환경에서의 경험치로
선택을 하지 않을까?
문제는 그 경험치로 선택을 했다면
그 선택으로 인한 결과가 다른 환경의 사회에서도 같은 결과가 나올까?
선택지 자체에서 이미 다른 상황들이

있었을 가능성이 크다.
주어진 환경에 따라 선택지도,
그에 따른 결과도 다르다.

사회적 현상이라는 것이 한순간에
만들어진 것이 아님에
그런 사회적 현상을 이해하는 데는
생각보다 많은 시간이 걸린다.

더 신중해야 하는 이유이다.

SITUATION 17
중국의 천안문(天安门)과 고궁(故宮)

북경에서 근무 시 휴일에는 무조건 북경 시내를 돌아다녔다. 근현대를 배경으로 발전한 상해시와는 다르게 원, 명, 청나라 시대의 역사가 남아 있으면서 산업화로 발전된 현대적 도시가 같이 어울려 있는 곳이 북경이다. 우리나라의 서울과도 비슷한 부분들이 있다. 물론 그 규모는 훨씬 크지만….

일요일 아침 일찍 지하철을 타고 8호선 스차하이(什刹海/Shi cha hai)에 내린다. 스차하이는 관광지로도 많이 알려져서 북경의 관광을 온 여행객들이 항상 붐비는 곳이다. 천안문(天安门), 고궁(故宮)과 징산공원(景山公园)의 정북 쪽에 위치하고 있어 스차하이부터 시작해서 남쪽으로 징산공원과 후통(胡同/Hu tong)을 지나 천안문까지 가는 산책 코스가 상당히 훌륭하다.

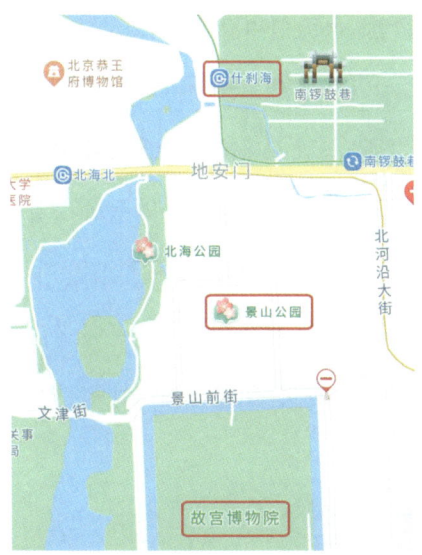

[스차하이-징산공원-고궁, 천안문 주변 지도]

스차하이는 천안문의 서쪽에서부터 시작되는 난하이(南海/Nan hai)-중하이(中海/Zhong hai)-베이하이(北海)에 북쪽으로 이어지는 치엔하이(前海/Qian hai)-호우하이(后海/Hou hai)-시하이(西海/Xi hai)로 연이은 호수 주변에 열 개의 사찰이 있었다는 이유로 이름이 붙여졌다. 현재는 '광화스(广化寺/Guang hua si)'라는 사찰 한 곳만 남아 있지만 주변이 그 시절의 분위기로 고풍스럽고 아기자기하게 조성되었다. 좁은 골목길에 옹기종기 들어선 상점들, 맛있는 전통 먹거리부터 프랜차이즈 식음료 상점이 가득하다. 치엔하이부터 호우하이까지 배를 타고 호수에서 운치를 즐길 수도 있어 평일, 휴일 모두 관광객과 젊은 연인들로 붐비고 있다. 스차하이 지하철 역에서 내려서 정남쪽의 길로 걸어서 큰 대로를 건너면 20분 정도 후 4A급 관광지, 자금성 즉 고궁 전체와 북경 시내를 한눈에 볼 수 있는 인공적으로 조성된 산이 있는 징산공원(景山/jing shan)의 동쪽 출입구에 도착할 수 있다. 출입구의 매표소에서 2위안(한화 당시 340원)의 표를 구입 후 높이가 45미터 정도인 봉우리 5개가 있는 정가운데 올라서면 남쪽 방향으로 황금빛 지붕이 넓게 펼쳐진 고궁의 화려한 장관이 눈앞에 펼쳐진다.

[경산공원에서 바라본 고궁]

금(金)나라가 별궁전을 만들면서 베이하이(北海)를 판 흙으로 쌓아 만들고 원(元)나라 때는 황궁의 정원으로 삼았다. 명(明)시대에는 다시 고궁을 둘러싼 해자인 '청하오(城壕/Cheng hao)'와 인공 호수를 판 흙으로 지금의 다섯 봉우리를 만들고 완수이산(万岁山)이라 불렀다. 고궁의 북문과 가까워서 황제의 후원과 같은 역할을 했다고 한다. 1644년 이자성의 농민군 반란으로 명의 마지막 황제인 '총젼디(崇祯帝/Chongzhendi/숭정제)'가 궁에서 도망한 후 경산공원 내의 나무에 목을 메어 자살을 하였다고 한다. 아직도 그 나무 밑에는 숭정제를 위로하는 위로비가 세워져 있다. 이후 청나라 시대에 현재의 명칭인 '징산(景山)'으로 변경되었다. 청 시대에 징산5정(景山五亭)을 짓고 가장 높은 봉우리의 정자는 '완춘팅(万春亭/Wan chun ting)'이라고 불렀다. 중화인민공화국 건국이 되자마자 바로 공원으로 개방되었고 현재 완춘팅의 남쪽에 올라서면 북경시의 시 중심을 알리는 북경시 원점표식 동판이 바닥에 설치되어 있다. 완춘팅에서 남쪽으로는 고궁과 천안문, 치엔먼 등을 볼 수 있고 북쪽으로는 종구루(钟鼓楼/Zhong gu lou)와 북경올림픽경기장이 보이고 동쪽으로는 궈마오(国贸/Guo mao) 오피스 상업지구가 보인다.

[궈마오 오피스 상업지구]

동북 쪽으로는 멀리 왕징(望京)의 고층 건물까지 보인다.

징산공원 완춘팅까지는 15분 정도면 쉽게 올라갈 수 있다. 천천히 북경 시내를 둘러보고 내려와도 40분 정도면 충분히 다섯 봉우리를 모두 거쳐 내려올 수 있다.

징산공원에서 고궁과 왕푸징(王府井) 사이의 오래된 뒷골목인 후통(胡同/Hu tong)을 통해 천안문 앞을 관통하는 대로인 장안지에(長安街)로 갈 수 있다.

보통 천안문으로 바로 오려면 지하철 1호선인 천안문동(天安門東) 역에서 내리면 가장 가깝게 천안문의 검문소에 도착한다. 천안문 쪽으로 가는 길은 어김없이 신분증, 여권과 짐 검사를 하는 검문소를 거쳐야 한다.

[천안문 동역 지하철 입구 200미터 전면 검문소]

외국인의 경우 여권을 보여 주고 내국인일 경우 위의 사진과 같이 신분증 식별기를 통한 후 검문소 내부의 X-ray 짐 검사대를 통과 후 천안문으로 갈 수 있다.

천안문에 도착하면 바로 마오쩌둥의 초상화와 함께 양옆으로 '중화인민공화국만세(中华人民共和国万岁)', '세계인민대결만세(世界人民大团结万岁)'라는 9글자가 마오쩌둥의 사망일인 9월 9일을 기리듯이 좌우로 써 있다.

[천안문 전경]

천안문은 명(明) 영락제부터 지어진 고궁의 성대(城台)와 성루(城楼)로 다섯 개의 큰 문이 있다. 가운데 문이 황제가 출입하는 문이고 양쪽 4개의 문은 신하들의 관직 등급에 따라 이용할 수 있는 문이다. 총 7개의 금수하(金水河)위로 놓인 다리를 건너기 전 공간에는 경비원과 검은 관제차량과 함께 많은 관광객들이 사진 촬영을 하고 있다.

유독 천안문의 오른쪽 편에 긴 대기줄이 있다. 고궁으로 들어가기 위해 방문 예약한 관광객의 대기줄이다.

고궁은 무조건 들어갈 수 있는 것이 아니라 방문일 이전에 고궁 방문 예약 전용 APP을 통해 방문객의 신상 정보와 방문 시간, 60위안의 입장관람료를 결제하고 나서야 예약된 시간에 방문이 가능하다. 고궁 내의 안전을 위한 관람객 인원 제한을 한다. 중국국무원과 시진핑 주석과 최고상무위원이 거주하고 있는 중난하이(中南海)가 지척에 있기 때문에 고궁 주변의 경계는 삼엄하다.

천안문의 맨 오른쪽 문으로 입장을 하면 다시 안쪽으로 고궁의 정문인 우먼(午门/Wu men)의 웅장한 모습과 함께 신분증 조회와 짐을 검사하는 검문소가 또 있다. 사전 등록한 여권, 신분증 원본을 보여 주고 확인을 받으면 짐 안전 검사 후 입장이 가능하다.

정남쪽의 문이라는 의미로 '낮 오(午)'를 사용하였는데, 이전 출입문격인 천안문이나 단문(端门/Duan men)과는 다르게 봉황이 날개를 펼친 것처럼 들어선 사람을 압도하는 듯 고궁의 정문답다.

[고궁의 정문 '우먼(午门)']

['우먼(午门)' 들어서면 보이는 타이허먼(太和门)과 타이허디엔(太和殿)]

고궁에는 내성과 외성이 있고 내성 안에 황제가 머무는 공간인 황성이 있는 것이다. 천안문을 많은 사람들이 고궁의 정문이라고 생각하지만 고궁의 정문은 '우먼(午门)'인 것이다.

마치 사회주의 사상으로 장식한 천안문으로 중국의 오랜 전통의 역사를 감싸고, 감추고 있는 듯한 모습이다.

실제 고궁은 1966년 문화대혁명 시기에 봉건적 잔재를 청산하려는 '홍위병(红卫兵/Hong wei bing)'들에 의해 파괴될 뻔하였다. 당시 총리인 저우언라이(周恩来/Zhou en lai)가 전통 문화재의 보호를 위해 인민군대를 동원하여 고궁을 지켜 낸 것이다.

고궁의 모든 문화재 건물을 부수고 공산당 당사를 지으려 했다는 얘기도 있었다. 그랬다면 지금처럼 북경의 전통과 현대가 어우러진 모습은 없었을 것이다.

마오쩌둥과 저우언라이는 정치적 동반자로 중화인민공화국 건국의 공동 주역으로 마오쩌둥은 열정적이며 주도적인 지도자로서 저우언라이는 조용하고 유연하며 냉철한 행정가이자 협상가로 중국 건국부터 사망시까지 마오쩌둥과 함께하며 중국의 영원한 총리로 추앙을 받았다.

마오쩌둥의 급진적 경제산업화 정책인 대약진운동과 문화대혁명의 피해로 인해 저우언라이의 경우 반대까지는 아니지만 사태를 완화시키려 노력했다는 점이 이 고궁의 보호 이야기에서도 회자된다.

아이러니하게도 저우언라이(1898년 장쑤성 출생)와 마오쩌둥(1893년 후난성 출생)이 다섯 살 차이이지만 중국 공산당 창당과 건국부터 1976년 1월과 9월에 나란히 사망하기까지 정치적 인생을 같이한 동반자이다.

고궁은 국가 5A급 문화재로 유네스코 세계문화유산으로 등재되어 있다. 단순하게 사전적인 건립 배경은 1407년 명 영락제부터 20만 명이 동원되어 14년간에 걸쳐 지어졌다고 하나 고궁을 직접 보면 명과 청의 건축양식과 현판의 글씨가 혼재되어 있다. 남쪽 구역인 타이허디엔(太和殿), 중허디엔(中和殿), 바오허디엔(保和殿)은 명시대의 건축양식과 현판이 치엔칭문(乾清門/Qian qing men) 이후부터 동 6궁, 서 6궁 등 크고 작은 건축물에는 중국어와 만주어가 같이 현판에 써 있다. 고궁의 유지보수와 홍보, 고궁의 지식재산권을 통해 IP사업을 하는 고궁박물관 직원의 설명은 명에서 시작하여 청까지 확장 건축이 지속되었다고 한다.

청의 초대 황제인 누르하치부터 2대 태종(太宗)까지 건립한 선양(沈阳

/Shen yang) 황궁이 있었으나 3대 성종(成宗) 때 북경 고궁으로 천도를 한 후부터 만주족의 양식과 글자들이 건축물에 사용된 것이다.

명 영락제부터 청 마지막 황제 선통제까지 두 왕조 24명의 황제가 5백 년간 고궁에서 통치를 하였다.

[동 6궁 입구 부분의 청의 현판(중국어와 만주어 혼용)]

북경 고궁은 동서로는 760m, 남북으로는 960m로 면적만 72만 제곱미터로 세계에서 가장 규모가 큰 목조 건물 문화재이다. 선양 고궁의 12배에 달할 정도로 큰 규모이다. 항간에는 9,999칸이라고 하나 건축물은 980채, 8,707칸의 방과 공간으로 구성되어 있다.

모두 보려면 5~6시간이 걸릴 정도라고 하는데 그렇게 보려면 시간이 문제가 아니라 체력적으로 불가능하고 중앙의 건축물과 동, 서 6궁 정도만을 대략 보아도 3~4시간이 걸린다.

첫 방문 이후 고궁박물관의 직원 안내로 두 번째 방문을 하여 조금 더

자세하게 고궁 내부를 안내 받은 적이 있는데, 관람시간이 5~6시간이 걸린다는 이유에 대해서 납득하게 되었다.

고궁의 문화적 예술적 가치가 단순하게 건축물에만 있는 것이 아니라 디자인적으로 색감이 우수한 조형물, 예술품 등 북경의 고궁 박물관에만 총 180만 건에 달하는 중국의 보물 같은 문화재가 있다. 그 중에서 전시 기획전과 같은 명, 청시대의 보물전을 전시 공간에서 공개하는데 이런 진귀한 것들을 보려면 말 그대로 한나절 가지고는 부족하다.

[고궁 내 전시 중인 명, 청 시대 보물 전시회(珍宝馆)]

[태화전 방위를 상징하는 십이지신 조형물과 향로]

금, 황동, 옥과 유리 공예로 만든 솜씨를 보면 과거 중화민족의 문화가 세계적인 수준이었음을 의심할 수는 없다.

[태화전의 황금, 녹색, 청색의 단청과 창호와 벽면의 문양]

중화민족의 찬란한 역사가 문화대혁명기에 공산주의에 심취한 홍위병들에게 부서지고 침탈을 당했다면 현재 중국에서 찬란했던 과거의 영광을 증빙할 방법은 없었을 것 같다. 그 정도로 중화민족의 문화역사적 증빙이 되는 곳이 문화재의 집합체인 고궁이다.

고궁의 다른 이름은 즈진청, 자금성(紫禁城/Zi jin cheng), 금지된 지역, Forbidden City이다.

자금성의 어원 유래는 황제의 거처가 우주의 중심인 즈웨이위엔, 자미원(紫微垣/Zi wei yuan)이기에 그곳을 중심으로 천하만물이 움직인다는 의미에서 '紫(Zi)'를, 황제의 허락이 없이는 아무도 들일 수 없는 공간이라는 뜻에서 '禁(Jin)'을 사용해서 즈진청(자금성)이 된 것이다. 이런 명칭으로 인해 영어 명칭도 11m에 달하는 높은 성벽과 깊이 6m에 달하는 청하오(해자)를 본 외국에서 방문한 외래인들이 '금지된 성'이라는 뜻에서 'Forbidden City'라고 전체 의미를 파악하지 못한 채 외형적인 모습과 단순하게 중국어의 뜻만 보고 영어 명칭을 만들어 유래된 것으로 보인다.

자금성이 아직도 영어 지명으로 '금지된 도시'라고 공식적으로도 써 있고 불리는 것은 어쩌면 중국 스스로가 가진 폐쇄적인 이미지를 서구의 열강들이 느끼고 아직까지도 그런 이미지를 가지고 있는 것이리라 생각된다.

중국 특색의 사회주의 구호와 마오쩌둥의 사진으로 도배된 천안문이라는 사상적 상징 안에 중국의 역사와 전통이 찬란한 고궁과 문화재가 감추어져 있다.

이런 사상 중심의 행동이 결국 자금성 고궁을 금지된 도시에 비유시키도록 허락을 한 셈이니 자업자득이다.

역사와 전통문화보다 사상이 더 앞서는 사회가 현재의 중국 사회이다.

선택에도 우선순위가 있을 것이다.
어떤 가치를 우선순위로 할 것인지는
그 사람과 사회를 특징 짓는 개인과
사회의 공동 선택의 결과물이다.
무엇이 후대에 중요할지 그리고 무엇을
후대 자손들에게 보여 줄지를 선택하는 것은
현재를 사는 우리에게는 깊은 사고와 판단을 거쳐
결정해야 하는 중요한 것이다.
사상도 한순간이다.
길어야 몇십 년을 잠시 스치고 가는…
하지만 인류가 남긴 수천 년에 걸쳐 만들어진
역사와 전통 문화는 후대에게 물려줄 수 있는
자랑스러운 높은 가치의 자산이자 보물이다.

무엇을 앞세우고 무엇을 중요시해야 할지는 현재 우리의 판단이 아닌 후대인들이 판단할 일이기에 그대로 보존하여야 한다.

사상으로 덧칠된 천안문에 감춰진 고궁은 중국 사회의 단면을 보여 주는 상징성이자 반복하지 말아야 할 우선순위 선택의 실수이다.

SITUATION 18
중국의 제조업(制造业)

　제조업 대국이라했던 중국의 모습을 직관적으로 느낄 수 있는 지역이 있다. 판촉물의 지상천국이라고 하는 저장성(浙江省/Zhe jiang sheng) 이우시(义乌市/Yi wu shi)에 가보면, 전 세계의 경기가 호황인지 불황인지 직관적으로 알 수 있다.

　우리나라에서도 크리스마스 판촉물을 진행하려면 이우시에 상주하고 있는 한국 무역 업체를 통해 거래를 했었다. 전 세계의 판촉물이 이우시를 통해서 판매가 된다고 보면 된다. 항간에는 미국 대통령 선거 판촉물까지 이우시에서 수출된다고 할 정도이다.

　이전에 본 기사에서는 이우시에서 유럽까지 철도를 통해서도 판촉물이 15일 만에 도착한다는 내용도 본 적이 있다.

　상해시에서 서남쪽 190km 떨어져 있는 항주시에서도 다시 서남쪽 130km 떨어진 곳에 있다. 상해에서 항주까지 까오티에(高铁/Gao tie/

고속철도)로 1시간 정도이고 항주에서 이우시까지는 30~40분 정도가 더 걸린다. 상해에서 항저우만 거쳐서 이우시로 가는 경우는 그리 많지는 않고 행정구역상 이우시의 상위 행정시인 진화시(金华市)를 거쳐 가는 경우 2~3시간이 걸린다.

이우시의 상주 인구수는 186만 명으로 상급 행정시인 진화시보다도 인구수도 많고 GDP와 인지도 모두 이우시가 앞서 있다.

까오티에를 타고 가면 진화시의 승객보다 이우시의 승객이 더 많고 결정적으로 이우시에 공항까지 있다. 이우 시내를 돌아다니다 보면 외국인을 많이 볼 수 있었고 터번을 쓴 아랍인들까지 볼 수 있을 정도였다.

이우(义乌)라는 지명의 유래가 한 효자가 홀어머니를 모시고 살다가 엄동설한에 돌아가셨는데 너무 가난하여 시신을 묻기 위한 무덤을 팔 도구조차 살 수 없어 울고 있었는데 까마귀가 무리로 몰려와서 부리로 꽁꽁 언 땅을 쪼아 파서 무사히 장례를 치렀다고 '의로운 까마귀'라는 이야기에서 유래했다고 한다. 처음에는 의로운 까마귀들이 모두 상처를 입고 죽어서 '오상(乌伤)'이라고 했다가 지금의 '이우(义乌)'로 개칭하였다고 한다.

지금은 이우시가 현급의 작은 시로는 GDP규모로 중국 현급시에서 Top 10위 안에 들 정도로 효자 도시이다. 가난한 산간 시골 마을이 중국에 의미 있는 도시가 된 이야기가 비슷한 구석이 있어 재미있기도 하다.

중국 현급 도시 중에서 유일하게 국가급 종합개혁 시범지역, 국가위생

도시(国家卫生城市), 국가환경보호모범도시(国家环保模范城市), 국가원림도시(国家园林城市), 중국우수여행도시로 선정되고 이우국제상마오청(义乌国际商贸城)의 경우 4A급 쇼핑관광지역으로도 선정되어 있다.

세계은행과 투자은행에 의해 세계 1위의 잡화무역시장으로도 선정되었다.

전 세계의 판촉물, 잡화품목들을 판매하기에 중국 내에서 세계의 소비 트렌드에 가장 민감한 도시라고 할 수 있다. 구매 및 시장조사를 위해 세계 각국에서 구매자들이 몰리기에 호텔과 식당도 잘 갖추어져 있고 물가도 제법 비싸다.

시내를 보면 마치 동대문 상가처럼 1, 2칸의 작은 가게들이 빼곡히 큰 상가 건물에서 영업을 하고 있다. 상가 건물이 1982년부터 시작해서 8차례의 확장을 거쳐 280만 평에 5만 개의 점포가 있는 도시 자체가 거대한 쇼핑단지가 되었다.

이우시에서 직접 생산하는 품목보다는 주문자생산방식(OEM)으로 광동성에서 생산을 하고 주로 이우시에서는 판매와 중간 무역을 중점으로 하기에 공장지대 같은 곳은 보이지 않는다. 판매 공간과 구매자와 시장조사자들을 위한 호텔과 식당 그로 인한 교통시설 등 도시 전체가 연기가 나지 않는 산업도시와 같다.

이우시 2020년과 2021년 GDP 전년 대비 성장률이 4.0%와 11.6%로 신관빙두 기간에도 불구하고 지속 성장을 해 왔다.

중국 내 산업이 특화된 도시는 상당수가 있다. 광동성의 동관시(东莞/Dong guan), 불산시(佛山/Fo shan)도 홍콩, 선젼, 광저우 대소비 도시에 인접하여 OEM, 전자부품, 가구, 건축소재 생산 및 최근은 반도체, 의료바이오 관련 산업도시로 특화되어 있다.

앞서 설명한 바와 같이 중국의 국내총생산 산업별 GDP비중을 보면 1차 산업이 7.7%, 2차 산업이 37.8%, 3차 산업이 54.5%로 과거 제조업 대국에서 서비스업으로의 변화가 뚜렷하다.

IT관련 사업이 생활을 기반으로 한 APP이나 게임 산업에 집중되어 있고 정부에서도 전략적으로 육성하려는 반도체, 바이오 산업은 기술력에 대한 문제점으로 차별화된 경쟁력을 확보하지 못하고 있는 상황이다.

신제조업을 표방하며 높아지는 인건비를 AI기술을 활용하여 대체하며 예전의 원가 경쟁력을 높이려고 노력하고 있지만 베트남과 인도로 외자 제조업체들이 이전하거나 임가공 단순 물량도 넘기게 되면서 산업의 구조상 2차 산업이 급격하게 줄어들고 있다.

[그래프1] 제조업 PMI지수 (월별 현황)

50% = PMI기준

년도/월	PMI (%)
21년 4월	51.1
21년 5월	51.0
21년 6월	50.9
21년 7월	50.4
21년 8월	50.1
21년 9월	49.6
21년 10월	49.2
21년 11월	50.1
21년 12월	50.3
22년 1월	50.1
22년 2월	50.2
22년 3월	49.5
22년 4월	47.4

[그래프2] 제조업 PMI지수 (월별 현황)

50% = PMI기준

년도/월	PMI (%)
21년 4월	54.9
21년 5월	55.2
21년 6월	53.5
21년 7월	53.3
21년 8월	47.5
21년 9월	53.2
21년 10월	53.4
21년 11월	52.3
21년 12월	52.7
22년 1월	51.1
22년 2월	51.6
22년 3월	48.4
22년 4월	41.9

[기준: 국가통계국관망/国家统计局官网(2021년 4월~2022년 4월, 1년간)]

[중국 국가통계국 제조업 PMI 및 비제조업사업활동지수]

　중국국가통계청이 발표한 자료에 따르면 2022년 3월, 제조업체 구매관리자지수(PMI/制造业采购经理指数), 비제조업사업활동지수는 47.4%, 42.7%으로 2달 연속 하락하고 있다. 4월 PMI의 경우는 42.7%로 우한 사태 이후 최저 수준으로 하락하였다. 하반기에도 PMI 지수는 나아지지 않고 있다.

　2022년 3~5월 상해를 포함한 31개성이 봉쇄 또는 방역 강화로 기업 생산 활동은 둔화되고, 경기 수준은 계속 하락세를 보였다.

　제조업 분야의 경제지표인 구매관리지수는 신규 주문, 생산, 재고의 현황에 비중을 두어 50 미만 시는 제조업의 위축 곧 경기의 위축을 나타낸다.

여기에 추가로 생산자물가지수(PPI)가 석유, 석탄 등의 생산공장을 가동하는 에너지를 중심으로 올라가면서 예상 목표보다 높은 8.3%의 높은 수치를 보였었다. 사회주의 기획경제의 영향으로 소비자 물가지수(CPI)는 0.9~1.5%로 상대적으로 낮게 관리가 되었지만, 물가 상승의 선행지표라고 할 수 있는 생산자물가지수의 고공 행진이 지속되고 구매관리자지수가 지속 하락한다면 곧 소비자 물가는 올라가면서 공급까지 원활치 못해 생산품 가격과 공급의 부족에 의한 소비와 경제 위축까지 발생할 가능성이 높다.

중국 경제 근간인 노동력을 통한 레거시(Legacy) 제조업은 관계가 좋지 않은 베트남과 인도에 점차 빼앗기고 있고, 전략적 신제조업은 정부의 지원과 많은 투자에도 발전이 없는 봉착 상태이다. 게다가 지속되는 동타이칭링(动态清零) 봉쇄 정책으로 제조업에 필요한 제조인력이 집에서 나오지조차 못하는 상황으로 공장을 돌릴 수가 없어서 수많은 해외 구매자들이 안정적인 공급이 가능한 국가를 찾아 신규 주문을 넘기고 있다.

추가로 인도태평양경제프레임워크(IPEF)가 우리나라를 포함한 중국을 둘러싼 동남아시아 13개국이 가입 발족하면서 이후 중국의 경제적 고립은 더 심화될 것으로 예상된다.

현재 중국은 제조업 기초 경쟁력과 기회를 상실하고 있다.

경쟁력은 하루아침에 갖추어지는 것이 아니다.
경쟁력의 핵심 역시 의욕과 재력만을 가지고 쉽게 변화를 줄 수 있는 것이 아니다.
개인도 힘들진데, 국가가 핵심 경쟁력을 전환시키는 것은 더욱 어렵다.

예측할 수 없는 국제정세 속에서 자강의 힘으로
내실을 키우고 약간의 운이 따른다면, 정세 변화가
있을 경우, 타 국가보다 나은 핵심 경쟁력으로
어느새인가 우뚝 서 있게 되는 것이다.

현상은 상호작용의 결과물이다.
폐쇄적인 개인이 사회 속에서 성장 한계가 있듯,
폐쇄적인 정책을 고수하는 국가가 세계의 경쟁과
견제 속에서 혼자의 힘만으로 성장하기란
불가능하다.

대약진운동과 문화대혁명기의 암흑기를 거친 중국이 다시 고립과 사회주의 정권의 정치적 연장만을 바란다면 2049년의 중국몽 '대동사회'는 달성할 수 없는 꿈으로 남을 것이다.

SITUATION 19
중국 내 개인 공간와 공동 공간의 차이

 2014년 6월 주재원으로 처음 상해에 도착 후 저렴한 레지던스와 같은 주거형 비즈니스 호텔에서 생활을 시작하였다. 1개월 후 주재원 비자를 발급 받기 위해 다시 한국으로 돌아가서 신체검사와 필요한 서류들을 갖춘 후 다시 상해로 돌아온 후에는 절차를 거쳐 취업증도 발급 받고 1년 기간의 주재원 비자도 발급을 받게 되었다. 지금은 번거로운 절차가 없어지고 현지에서 취업증과 주재원 비자 발급이 모두 가능해지게 되었지만 과거에는 그렇지 못했다.

 주재원 비자 발급 후 전임자가 살고 있던 홍췐루와 가까운 롱밍루의 구가상군(九歌上郡/Jiu ge shang jun) 단지의 20평 남짓한 아파트에 주숙등기라는 거주 신고를 경찰서에 하고 비로소 안정적인 개인 공간을 얻을 수 있게 되었다. 5개월 후에는 가족들이 상해로 올 예정이기에 좀 더 넓은 아파트로 이사를 해야만 했다. 회사가 거래하는 부동산을 통해 월세가 지원되는 범위 내에서 일부 개인 부담을 하여 훙첸루의 풍도국제(风度国际/Feng du guo ji) 단지 30평대의 아파트를 월세 계약하고 이사를 하였다. 옮길 물건이라고는 큰 트렁크 2개 정도에 현지에서 구입한 생필품 정도여서 혼자서 이사를 하였다.

중국에서 부동산 계약을 진행 시 월세 2~3개월치의 보증금, 부동산 중개수수료와 지정된 월세는 회사에서 부담하고 계약서 체결도 파견된 회사 직원이 진행하기에 별다른 어려움 없이 가족도 정착을 할 수 있었다.

주거형 레지던스에서는 잘 느끼지 못하였는데 혼자 살던 아파트와 가족이 들어와서 같이 살던 아파트 사이에는 공통점이 있었다.

아파트 내부의 살림집은 각기 나름의 인테리어로 정도의 차이는 있지만 잘 꾸며지고 깨끗한 공간으로 생활에 큰 불편함은 없었다. 한국 주재원들은 중국인에게는 필요가 없는 보일러 난방이 되는, 한국인이 살던 집을 계약하는 경우가 일반적이었다. 상해 지역은 난방 시설과 단열이 필수가 아닌 겨울에도 영하로 잘 내려가지 않는 남방지역이다. 중국의 아파트 분양 과정 자체에서도 정말 아무것도 없는 시멘트 바닥과 벽면 등 아무것도 없는 날 것의 공간을 분양한다. 그 이후 계약자가 난방시설과 내부 인테리어를 다 해야 하는 한국과 다른 과정이다.

결국 난방 시설은 집주인의 필요성에 의해서만 선택적으로 설비되기에 한국인이 살던 공간 외에는 라지에이터와 같은 외국식의 공기만 데우는 난방 형태가 대다수를 이룬다. 온수 설비는 기본으로 있어서 문제는 없는데 한국인이 중국식 아파트에 살기에는 상해가 겨울도 습도가 높아 영하까지 떨어지는 온도는 아니지만 뼛속까지 서늘한 냉기가 집 안에서 사라지는 날이 없다. 라지에이터로만 난방을 하면 건조한 공기와 침대의 냉기, 샤워 후의 몹시 추운 냉기를 견뎌 내야 한다.

　난방 시설 외에 한국의 일반 가정과 다른 점은 인테리어상으로 마감재의 마감처리를 그다지 신경을 잘 안 쓴다고 할까…. 고급스럽게 했다는 고급 주택의 마감도 완성도가 있어 보이지는 않았다. 벽면과 천장의 몰딩 처리, 벽지보다는 페인트칠을 한 경우가 대부분인데 페인트칠의 마감, 콘센트와 스위치 박스의 마감, 창틀 새시의 마감 심지어는 에어컨 설치 후 실외기를 잇는 동관의 구멍 마감 처리까지 미비한 경우가 많다. 한화로 15억 원 이상을 하는 아파트라고 생각하기에는 마감 처리가 많은 아쉬움을 남긴다. 청소를 하기 위해 거실과 방의 바닥을 청소하려면 그 바닥의 오염 방지를 위한 방오 처리 같은 코팅 기술은 전혀 적용이 안 된 것처럼 매끄럽지도 못하고 무언가를 쏟거나 자국이 나면 지우기가 어려웠다.

　모든 인테리어 자재의 완성도가 떨어져 있다. 개인 공간은 아쉬운 완성도이지만 한국인들이 선호하는 심플한 인테리어보다는 각종의 장식물과 화려한 색감의 소품으로 내부는 꽉 찬 서구형 공간의 느낌이었다.

　한국에서는 인테리어와 장식소품들이 어느 정도 트렌드를 따라가며 집마다 공통적인 특징을 볼 수가 있고 유사하다는 느낌의 집들이 많지만 중국의 집은 방문했던 집마다 내부 구조와 인테리어와 가구, 장식소품들이 가지각색이었다. 청나라 말기부터 영국, 프랑스, 독일 서구 열강의 문화적 영향을 받았고 제조업의 대국처럼 전 세계에 장식소품, 잡화를 생산하고 공급하고 있는 문화적 경제적 배경이 바탕이 되어 공통된 트렌드보다는 지역의 전통, 문화와 어우러져 개성적인 각자의 특색과 선호도를 반영하는 쪽으로 다양화되어 있다.

개인적 공간은 정말 본인들의 취향에 맞도록 잘 가꾸고 생활한다.

2010년 이후는 한국보다 일찍 중국에 진출한 IKEA(宜家家居/Yi jia jia ju)를 통해 젊은 층뿐만 아니라 대중들까지 조립형 가구를 구매하며 어느 정도 이케아 가구와 인테리어 소품으로 이케아형 생활 방식과 공간이 꾸며지면서 한국의 가정과 유사한 느낌이 된 것 같다.

현재 상해 시내에만도 이지아지아쥐(IKEA) 매장은 5곳에 매장이 있다. 1곳은 도심형 IKEA City 매장으로 덩치 큰 가구보다는 인테리어 소품 중심과 카페로 구성되어 도심인 징안스(静安寺/Jing an si) 바로 길 건너편 빌딩의 1~3층에 자리 잡고 있다. 나머지 4곳은 한국과 동일한 형태로 대형 단독건물 매장이 쉬후이취(徐汇区/Xu hui qu), 바오산취(宝山区/Bao shan qu), 양푸취(杨浦区/Yang pu qu), 푸동신취(浦东新区/Pu dong xin qu)에 있다. 어디를 가도 매장 내 고객들로 붐비는 모습을 보면 공간을 꾸미고 개인만의 공간을 갖고자 하는 열망은 우리나라와 동일하였다. 가격은 한국보다 비싸다는 느낌인데, 베개 하나를 사더라도 쓸 만한 것이 199위안(한화 3만 6천 원)부터 699위안(한화 약 13만 원)까지였다. 가격이 일반 직장인 월수입의 5~10%에 달하는 가격이다. 가구와 모든 소품이 소득 대비 가격 구조가 상당히 비싸다. 중국에서 생산한 품목은 소품 잡화 정도이고 대부분은 수입으로 들어오다 보니 중국의 저가형 가구, 인테리어용품의 보호 차원에서도 관세가 높게 매겨져서 들어오기 때문이다. 높은 가격에도 불구하고 이케아 매장은 구경과 구매하려는 사람으로 쇼핑카트를 밀고 다니기 힘들 정도로 가득 차 있다.

IKEA형 생활 방식과 제안하는 공간은 북유럽 문화의 효율성을 강조한다. 과하지 않고 공간의 적재적소에 배치할 수 있는 심플함 속에서 개인 공간의 만족과 행복을 찾으려는 고객과의 소통을 지속적으로 하며 지역 내에서 오랜 생존을 하고 있다. 중국에 수많은 가구 업체의 원가적 경쟁력을 이겨 내면서 완전히 이질적인 문화와 생활 방식을 중국 고객들과 친밀하게 소통하면서 선택받고 사랑을 받고 있다.

중국 이케아에도 동일하게 식사하는 공간 칸틴(Canteen)이 있다. 영국의 구내식당이라는 용어가 중국에 들어오면서 아마도 유사한 발음의 '餐厅(Can ting)'이 되지 않았나 생각도 드는데, 식당 역시 이케아 특유의 북유럽 서양식 메뉴로 운영되고 있다. 가장 고객이 많이 몰리는 공간이다. 식사 메뉴도 중국식이 아니지만 거리낌없이 즐기고 그 칸틴(Canteen)만의 어수선하면서 여러 사람이 어울리는 오픈된 공간을 즐긴다. 이케아에 들어오는 순간부터는 모든 나라의 다른 민족들이 동일한 방식으로 쇼핑하고 먹는 이케아 스타일의 행동 방식을 보인다.

그런 구매 행동과 태도를 보면서 중국만의 문화적 특성이 있는 것이 아니고 전 세계 공통되는 개인 공간과 보편적인 문화 수용력도 있구나 라는 것을 세삼 느끼게 되었다.

주재원으로 생활하면서 나 역시 이케아의 가구와 인테리어 소품들로 개인 공간을 꾸미기도 하였다. 이케아에 들어서면서부터 중국식 문화가 아닌 익숙한 보편적 서구 문화에 위안과 휴식을 느끼기도 했다. 주재원 초기에는 나름의 해방구 같은 공간이었다.

중국인의 행동을 폄하하는 것은 아니다. 어떻게 보면 공동 사용 공간에 대한 인식 차이라고 하는 것을 느낄 수도 있다. 이케아에는 잘 알다시피 평형대별로 공간 구성의 제안을 위해 실제 가구를 배치하고 경험을 통해 판매를 하고 있다. 어김없이 쇼파와 침대에는 누워서 잠을 청하는 고객들을 볼 수가 있다. 지금도 동일하다.

구매를 하려는 사람은 서로 간에 미안함 없이 누워 있는 다른 고객을 비집고 주문카드와 가격 네임택을 보고 역시 같이 누워 보고, 앉아 보고 한다. 물론 잠시 체험하는 것이야 그런 용도와 의도로 설치를 한 것이니 문제는 아니지만 아예 그 위에서 무언가를 먹고 쉬고 잠까지 청하는 것은 다른 고객을 위한 배려를 위해서도 삼가해야 하는 것일 텐데… 라는 동화되지 못하는 불편함이 가득했다. 한국에서와는 다른 모습… 다른 고객의 불편한 시선을 염두하지 않는 행동들이었다.

이케아 매장에서만 있는 사항은 아니다. 중국 어디를 가도 개인 공간 대비 공동으로 사용하는 공간에 대해서는 공원과 문화재, 역사 유적지를 제외하면 잘 가꾸거나 관리한다는 느낌을 받을 수가 없다.

아파트의 계단실과 공동 현관, 엘리베이터, 주차장을 보면 단적으로 느껴진다. 계단실은 10~15억짜리 아파트 단지라도 어김없이 시멘트 바닥 그대로이고 조명도 잘 갖추어져 있지 않아 어둡고 청소도 잘 안 하는 지저분한 공간이다. 공동 현관, 엘리베이터와 주차장도 공동 사용 공간임에도 깨끗하고 밝게 관리가 되지 않고 항시 어둡고 청소가 잘 안되고 있는 공간이다. 상해, 북경 어디든 동일하다. 아파트 단지 내부에도 단지 내 조명 시설이 적은 상태로 어둡다. 이전에도 택시 내부의 청결 상태 이야기를 한 적이 있지만 공동으로 사용하는 공간에 대해서는 관리와 청소의 책임자가 없는 이상은 잘 관리가 안 되고 사용하는 사람들에 대한 배려가 적다. 비행기 좌석, 고속열차의 좌석과 화장실, 택시와 지하철의 좌석의 청결 상태 모두가 동일하다.

가끔 우리나라의 매체를 통해 중국인들이 문화유적지에서 벽에 낙서를 하거나 문화재급 석상 위에 올라가거나 하는 모습을 통해 국력에 비해 다소 떨어지는 문화의식에 대해 지적을 한 적이 있다. 그런 행동은 실제 현지 생활을 하면서 많이 접해 보지는 못해서 어느 나라든지 동일하게 일부 시민의 그릇된 행동은 있을 수 있다라고 생각은 했지만 공동 사용 공간에 대한 배려 인식의 차이는 분명히 존재하고 있다.

중국은 오랫동안 유지되었던 1970~2010년대 1가구 1자녀 정책과 급격한 경제 성장으로 소황제, 소공녀라는 자녀에 집중되는 소비 지향 생활 방식의 신용어까지 생기며 서구와는 다른 환경과 생활에 특이점을 보여 왔다. 환경적 차이에서 중국식 개인주의 성향이 집단적 사회주의 사회에서 역설적으로 커 나가고 있었다. 게다가 '미엔쯔(面子/Mianzi)'를 중요시 여기는 기성세대 사이에서 성장한 80~90년대 밀레니얼 세대들은 생활과 행동에 이전과는 다르게 규제와 장애를 받지 않고, 자신과 타인의 행동에 대해서도 서로 간에 공공장소에서 간섭이나 규제하지 않는 의식을 가지게 되었다.

공공장소, 공동 화장실 등 관리자와 청소하는 담당자가 있는 경우는 다르다. 주어진 책임과 관리는 또 꼼꼼하고 부지런히 한다. 다만 보편적인 공동 공간의 사용 의식이 다르다는 것이다.

이제는 같이 사는 커뮤니티 공간을 중요시 여기는 세대와 사람들이 많아지고 있다. 칭링정책에 의해 좁은 공동 생활 지역과 아파트 단지에서 같이 공유하며 조화로운 생활을 하는 것에 익숙해지고 3자녀 정책까지 기존 인구 통제 정책도 해제되면서 가정에서도 많은 구성원들이 같이 사는 법을 이제 배우기 시작하는 환경이 조성되었다.

문화의식이 떨어진다기보다는 공동 사용 공간에 대해서 개인 공간만큼 소중하고 배려하는 의식이 성장 배경과 사회 환경적 차이로 인해 다른 것이니 이제 조금씩 변화해 나갈 것으로 생각된다.

개인적인 특성이 모여 그 사회만의 보편적 특징이 된다.

또 한편으로는 사회마다 성장 환경의 차이로 인해 구성원 사이에서 보이는 행동과 의식의 보편적 공통 요소 또는 차이점을 가지게 된다.

'다름을 느낀다'는 것은 환경적 차이로 인한 현상을 인지하는 것이다.

틀린 것이 아니라 다른 것이다.

세계 보편적 가치라는 것도 각 사회에서 통용되는 일반적 가치가 모여 이루어진 것이기에 다름은 사회 각자의 고유한 특징이라고 생각해야 한다.

이런 게 세계 시민사회를 유지하는 근간 의식이 된다.

중국에 진출한 기업인의 입장에서 중국의 문화, 경제적 성장 환경을 이해하려는 것은 고객의 성장, 행동, 의식의 배경을 이해하는 것이다.

생활 방식과 구매 행태는 문화와 생활, 의식에서 비롯된다.

차이를 이해하고 소통하려는 노력은 진출한 기업이 추가적으로 해야 하는 기본적인 사항이다.

보편성과 다양성의 차이에서 사회 구성원의 특징을 이해하는 노력은 IQ와 EQ만을 가지고 되는 것은 아니다.

문화적 이해력은 의지와 노력으로 얻어지는 것이니 선천적인 특질의 이해심과는 다르다.

현지화에 성공한 외자기업의 특징은 고객과
친숙하게 소통하고 있다는 데 있다.
그 지역의 고객에게서 무언가를 읽어 내고
이해를 하였기에 소통을 하고 지속적인 생명력을
부여받아 사랑받는 브랜드로 고객 의식 속에
포지셔닝된 것이다.

근래의 불확실한 국제정세와 각자 도생하는 지역사회에서 기업과 브랜드의 생존은 다시 고객과 이해와 소통을 통해, 오래된 용어지만, 사랑받는 브랜드 'Love mark Brand'가 되는 길이다.

SITUATION 20
중국의 미디어(Media/媒体)

 중국에 오기 전까지는 평상시 TV를 많이 보는 편이 아니었다. 중국에서 생활하고 있는 이상 언어 학습과 문화, 생활, 트랜드, 사회의 주요 이슈를 이해하기 위해서라도 TV 방송을 보았다.

 초기는 생존 언어로 기본적인 생활을 하면서 익힌 몇 마디 하는 정도이지 문제없이 소통할 수 있는 수준이 아니었다. 익숙한 상황에서 듣고 상황을 눈치껏 이해하는 정도랄까…. 초기 주재원 생활에서는 간절하지만 의욕만큼 빨리 습득이 안 되는 답답함이 언어였다.

 업무적 영역은 중국 국적의 한족(汉族)이지만 한국어를 곧잘 하는 직원의 도움과 영어를 잘 하는 직원에게는 영어로 소통을 혼용하며 수행할 수 있었다. 하지만 생활만큼은 온전히 중국어로 소통을 해야 하니 다른 상황이었다.

 중국 지상파 TV 방송을 처음 접하면서 참 많은 채널이 있구나라는 느껌이 들었다. 물론 유선채널을 연결을 해야 CCTV 외에도 위성TV 채널들을 볼 수 있다.

집을 렌트하면 일반적으로 TV를 포함한 가전제품과 가구들이 기본 옵션으로 있고 원하는 경우 일정 금액을 월세에 부담하면 일부 오래된 것들은 교체까지 해 준다.

중국 브랜드의 TV를 통해 유선 연결 후 방송 프로그램을 검색해 보면 CCTV1~17 채널과 각 31개 직할시와 성(省), 자치구의 위성TV(卫星电视台/Wei xing dian shi tai) 채널까지 볼 수 있다.

중국의 방송 프로그램은 기본적으로 중국어로 방송을 하더라도 중국어 자막이 나온다. 보통어로 표준 발음과 자막으로 나오기에 중국어 초보자가 학습용으로 보기에는 훌륭한 교재이다.

국영방송인 CCTV(中国中央电视台/Zhong guo zhong yang dian shi tai)의 본사는 독특한 건축물로 북경시의 상징적 건물로 북경 궈마오(国贸/Guo mao) 옆에 있다.

[북경 CCTV 본사와 북경시 최고층 108층 중국존(中国尊)]

CCTV는 1958년 5월 1일 개국하여 같은 해 9월 2일 정식 첫 송출을 하였다. 여러 번의 개칭을 통해 현재의 채널로까지 개편된 것은 2011년 1월 1일부터이며 CCTV1 종합(综合/Zong he), CCTV2 재경(财经/Cai jing), CCTV3 종예(综艺/Zong yi), CCTV4 중문국제(中文国际/Zhong wen guo ji), CCTV5 체육(体育/Ti yu), CCTV6 영화(电影/Dian ying), CCTV7 국방군사(军防军事/Jun fang jun shi), CCTV8 드라마(电视/Dian shi), CCTV9 기록(纪录/Ji lu), CCTV10 과학교육(科教/Ke jiao), CCTV11 경극(戏曲/Xi qu), CCTV12 사회와 법(社会与法/She hui yu Fa), CCTV13 신문(新闻/Xin wen), CCTV14 어린이(少儿/Shao er), CCTV15 음악(音乐/Yin yue), CCTV17 농업농촌(农业农村)의 정규 채널과 북경동계올림픽 기간에는 CCTV16 올림픽(奥林匹克/Ao lin pi ke) 채널까지 편성하여 운영하고 있다.

지상파 TV뿐만 아니라 모바일 m.cctv.com 사이트 및 중앙TV央视影音APP (Yang shi ying yin) 을 통해서도 방송을 볼 수 있어 주제별로 인민의 볼거리 및 사회주의 사상에 맞춘 프로그램들을 방송하고 있다.

CCTV 프로그램은 뉴스 채널을 포함한 모든 프로그램이 사전 제작과 검열을 통해 사회주의 사상에 반하는 내용을 점검하고 통제된 상태에서 방영을 한다.

드라마의 경우 완전 사전 제작 방식이다. 전체 제작 방영분을 사상과 방송윤리 심의를 마친 후 위성채널방송국에 판권을 판매하는 형태로 보통의 최근 드라마가 방영되어도 보통은 1~2년 전에 제작된 드라마이다.

2020년부터 일부 연예인들이 사회윤리적 이슈가 된 이후에는 대중문화계의 정풍운동(整风运动/Zheng feng yun dong)이 강화되었다. 일부 윤리적 물의를 일으킨 연예인과 유명 왕훙(网红)까지 퇴출되고 거액의 벌금까지 추징하였다. 정부 차원에서 연예매니지먼트사까지 전체 정풍교육을 시키며 '시대와 인민에 부끄럽지 않게 작품을 만들고 당과 문예 방침을 따라야 한다'고 정부의 지침까지 내렸다. 이러한 대중문화에 대한 윤리 규정과 방송심의는 '중국 공산당 중앙인터넷안전정보화 위원회 판공실'에서 규정과 통제를 한다.

정풍운동으로 인해 연예인들의 인기 순위 차트가 금지되었고 연예인을 추종하는 팬들 사이의 소비 유도하는 행위가 금지되고 투표나 모금 활동도 금지되었다. 연예인의 팬클럽 온라인 채널의 경우 윤리 규정에 어긋나는 경우 채널이 차단되거나 연예인 관련 굿즈 판매를 하는 온라인 플랫폼까지도 제재를 받았다.

정풍이란 삼풍정돈(三风整顿/San feng Zheng dun)의 줄임말로 원래 공산당 조직 내에서 사용하던 용어로 당원을 교육하고, 당 조직을 정돈하며, 당의 기풍을 쇄신하기 위한 것으로 중국 공산당 특유의 1940년대 초부터 1960년대 문화대혁명기까지 벌인 사상적 정치운동이다.

중국 뉴스 매체에서는 사회적으로 선동이 되는 자극적인 내용은 거의 볼 수가 없다. 또한 대중문화 정풍 운동으로 예능 프로그램은 완전히 축소 되었고 우리나라의 1980년대 명랑운동회와 같은 건전성의 프로그램만 방영된다. 드라마도 트렌디한 현대물의 드라마도 많지만 사극, 역사 드라마가 많으며 국공내전과 항일항전 내용의 드라마가 상당히 많은 편이다.

의외의 볼거리는 CCTV4 중문국제로 미주, 유럽, 아시아 등 세부적으로 지역 카테고리를 나눈 후 각 나라의 주요 이슈를 한 채널에서 집중적으로 보도한다. 각 나라의 TV에서 방송되는 화면을 많이 활용하는 우리나라보다 다양한 뉴스거리가 있으며 수많은 특파원 들을 통해 현지에서 직접 보도하는 내용이 많다. 중국의 국제뉴스 보도 내용을 보면 미국의 경우 대통령과 정치, 경제뿐만이 아닌 사회적으로 미국의 흠이 될 수 있는 보도거리까지 보도한다. 우리나라의 주요 이슈는 북한과 관계된 정치적 이슈나 한중 관계에 관련한 뉴스도 실시간으로 보도하고 한국에 파견된 CCTV 특파원을 통한 기획뉴스까지 보도하는 경우가 많다.

중국의 미디어는 TV, 신문, 온라인 채널, SNS 등 모든 채널이 당의 사회주의 이념과 정풍에 위반되는 사항은 철저하게 통제를 받고 있다.

중국 내 사건 사고의 경우 오히려 중국 본토가 모르는 경우가 많다.

홍콩의 민주화 운동인 반중 시위가 한참이던 2019년에는 홍콩과 관련된 뉴스는 오히려 중국 내에서 볼 수 없었다. 홍콩 민주화 시위 현황과 한국의 신문보도 내용을 우리 중국직원들에게 보여 주면 전혀 모르고 처음 듣는다고 한다.

본토의 인민들에게는 아예 차단되어 있었다.

이후에는 홍콩의 방송국까지 중국 공산당이 장악을 하였다. 홍콩 위성 TV인 봉황TV의 경우 이전 한국에서도 볼 수 있었던 Star TV의 후신이며 미디어 재벌인 루퍼트 머독이 지분투자하여 세운 방송국으로도 알려져 있다. CCTV도 봉황TV의 주식을 10% 보유한 것으로 알려져 있다. 봉황TV가 홍콩의 대표적인 민간TV로 운영되었으나 중국 정부의 압력으로 2021년 2월 설립자인 류창러(刘长乐/Liu Zhang Le) 회장이 경영에서 물러나고 주식 지분까지 매각한 것으로 알려졌다. 차기 경영진에는 상하이사회과학원 당서기와 CCTV뉴스 부문 부사장이었던 인물을 정부에서 임명을 하였다.

신장(新疆)자치구는 18세기 청나라 시대 말기에 중국으로 흡수된 중국의 성(省) 중에서 가장 넓은 지역이다. 통치하기에는 거리가 멀어 영향력이 지속적으로 미치기 어려웠다. 또한 문화와 종교 자체가 다른 위구르족이 살고 있는 이슬람 문화 지역이다. 지역 독립의 움직임이 계속 있었다. 1949년 중국 정부는 군대를 보내 힘으로 이 지역을 다시 복속하였고 '신장 자치구'라고 명칭하였다. 이후 1997년 대규모의 폭동이 일어났고 강력한 진압을 했지만 중국 내부에는 언론보도가 되지 않았다고 한다.

이슬람 문화가 뿌리 깊게 박혀 있는 지역이기에 크고 작은 독립 움직임은 계속되었고 정부와의 마찰은 계속되었다. 이런 과정으로 신장 지역의 수용소에는 수많은 정치범과 테러범들이 감금되어 있다. 하지만 인권탄압과 고문이 자행되었다는 인권 단체인 엠네스티의 보고도 중국 내에서는 언급이 없었다고 한다.

나이키와 H&M은 신장 자치구 인권문제 관련하여 지역 특산물인 면화 사용을 안 하겠다고 선언하였다. 선언에 대한 파급 영향으로 중국 일부 고객들이 나이키 신발에 불을 지르는 영상이 SNS를 통해 퍼져 나갔다. 중국 내 소비자는 신장 자치구의 역사적 배경과 문제점에 대해서 모르니 글로벌 기업들의 행동을 이해할 수 없게 된 것이다.

'하나의 중국'을 강조하는 중국은 수천 년간의 분열과 이민족 침입의 역사를 겪어 왔다. 분열과 환난 시마다 전쟁으로 수많은 희생이 발생하였고 그 역사를 중국인들은 잘 알고 있다. 분열은 중국 정부에게는 용납되지 않는 사항이다.

중국 내 대다수인 90%를 차지하는 한족(汉族)과 10%의 55개 소수민족을 '하나의 중국'으로 통합하기 위한 노력을 계속해 오고 있다. 또한 소수민족의 거주 지역이 14개의 다른 나라와 접하고 있는 경우가 많다.

4개의 자치구와 2개의 특별행정구역은 항상 분쟁의 소지가 있기에 해당 지역의 전통문화는 인정을 하되 분쟁의 소지는 철저하게 단속을 하고 분열 조짐의 뉴스는 통합과 안정을 위해 전달하지 않는다.

중국 미디어의 상황은 대표적으로 사회주의 국가의 뒷모습을 볼 수 있는 부분이다. 사상과 이념의 통제뿐만이 아니라 대중문화까지 정풍운동을 펼치며 조지오웰 1984의 Big Brother식 감시와 통제 역할 이상의 것을 하고 있다.

중국 내 수많은 TV채널과 신문 매체들이 있지만 애초에 한계와 경계가 있는 상태에서 태생한 것으로 사회주의에 편향된 온전하지 못한 조각의 모음이다. 중국어 언어 학습으로는 훌륭하나 편향되지 않은 정보를 얻기에는 부족함이 많다.

의도적으로 선택지가 가려지고 정보가 차단된 상태에서 선택을 한 사람과 모든 정보가 공개된 선택지에서 선택을 한 사람과는 결과물을 비교한다면 결코 같지 않을 것이다.

가장 큰 문제는 그 둘 사이의 이해와 소통이 불가능하다는 것이다.
서로의 선택과 결과를 각자가 진실로 믿고 있는 상황에서 어떤 방식으로 이해를 시키고 소통하게 할 수 있을까?

미디어는 가장 무서운 집단 의식 통제 수단이다.

누군가에게 사적으로 소유되는 언론은 그 순간부터 언론으로서의 사명감을 침범 받게 된다.

자유 언론의 폐해도 물론 있다. 하지만 편향이 되지 않는 것은 그 언론의 보도 내용들을 보고 듣는 이가 판단해야 하는 개인의 자유 의지와 판단에 맡겨야 한다.

언론의 윤리적 자정 노력도 필요하다.

SITUATION 21
중국의 SNS 신조어

중국의 대표적인 소셜 플랫폼은 누가 뭐래도 웨이신(微信/Wei xin/Wechat)과 또우잉(抖音/Dou yin/해외판 Tiktok)이다.

웨이신은 텐센트(腾讯/Teng xun/Tencent)에서 2011년 1월 론칭한 우리나라의 카카오톡과 같은 메신저 기능으로 여러 부가 기능이 한 번에 편리하게 UX(User eXperience)되어 있다. 현재 중국 내에서만 8.1억 명이 사용하고 전 세계 200개 국가에서도 사용 가능하다. 언어도 20개 언어가 지원되고 있다.

웨이신은 단순한 메신저 기능 외에 꽁중하오(公众账号/Gong zhong Zhang hao)라고 해서 기업과 브랜드가 공식 홍보 계정으로 만든 기업페이지로 정식 등록된 것만 8백만 개가 넘는다. 중국 기업들이 대부분 웨이보상 기업페이지가 있지만 웨이신의 꽁중하오를 통해 소식지 구독을 가입한 회원들이 읽어 볼 수 있도록 소식을 매주 올린다. 신규 회원 수도 늘릴 수 있도록 웨이신 꽁중하오 가입 프로모션도 진행하여 회원 수를 늘리는 활동에 주력한다.

웨이신을 통해 Pay의 개인 간 이체와 자료 공유, 메신저로서의 음성 및 화상 통화, 메시지 언어 번역 기능, 인스타그램과 페이스북처럼 사진과 영상을 올려 주변에 공유할 수 있는 모멘트(Moment) 기능, 펑요췐(朋友圈) 기능으로 주변의 지인들과 소통할 수 있는 기능, 그룹방을 만든 후 그 방에 일정 금액을 설정하고 공유하면 클릭하는 사람이 랜덤으로 웨이신페이를 수령할 수 있는 홍빠오(红包/Hong bao) 기능 등… 이외에도 보험, 대출, 유틸리티 납부, 핸드폰 비용 충전 및 납부, 교통편 예약 결제, 호텔 예약 결제, 온라인 쇼핑, 식품 딜리버리, 테마파크 및 영화표 예매, 디디추싱(滴滴出行/Di di chu xing/중국형 우버), 지엔깡마(健康吗) 심지어 기부까지 할 수 있는 범용 플랫폼이어서 '종합생활 플랫폼' 이라고 할 수 있다.

기업 입장에서는 이런 종합 생활 플랫폼이 고객 생활과 밀착되어 9억 명에 가까운 고객이 활용하다 보니 웨이신 꽁중하오의 신규 회원 수 증대가 곧 낮은 비용으로 높은 홍보 효과를 얻을 수 있다는 것을 알고 있다. 대부분 기업 내 마케팅 부서의 내부에 웨이신 꽁중하오 홍보 전담 인원들을 운영하고 있다. 보통 식품 기업의 경우 적은 경우는 1백만 명부터 1천만 명까지 웨이신 회원을 두고 있고 웨이신 꽁중하오 기업 회원으로 가입 후에 1개월에 총 4회, 주당 1회 정도 소식지를 배포할 수 있다.

뉴스처럼 글과 사진, 동영상까지 하나의 웹페이지로 만들어서 배포를 할 수 있어 효율성과 가독성이 높다.

4년 전부터는 웨이신의 미니 프로그램인 '샤오청쉬(小程序/Xiao cheng xu)'가 출시되면서 기업, 브랜드별로 꽁중하오 계정과 함께 샤오청쉬를 통해 딜리버리와 온라인 쿠폰, 웨이신 온라인쇼핑몰로 연계되는 웨이신상청(微信商城/Wei xin shang cheng) 기능까지 갖추면서 기업, 브랜드는 웨이신 플랫폼 의존도를 더욱 높여 나갔다.

웨이신 샤오청쉬는 웨이신 플랫폼에 들어갈 필요 없이 모바일에 앱(APP)처럼 미니 프로그램으로 다운로드 설치하여 들어갈 수도 있고 각 기업, 브랜드의 꽁중하오 계정을 통해서도 들어갈 수 있다. 주로 딜리버리와 점포 Pick up과 온라인 선불카드 판매, 고객의 할인 혜택과 무료 시식권을 웨이신 플랫폼상의 지갑 기능에 다운받아 Pay 결제하면 자동으로 연동되어 쿠폰 할인 적용이 될 수 있도록 편리한 기능을 만들어 놓았다.

기능의 편리함으로 웨이신의 이용자수 증가와 함께 기업, 브랜드의 광고 수익까지 텅쉰그룹(Tencent)이 벌어들이고 있다. 연간 광고 수입만 36억 위안(한화 6천억 원)에 달한다. 웨이신페이와 은행 계좌를 연동하여 사용 가능한 웨이신지불(微信支付/Wei xin zhi fu) 계좌만 4억 개에 달한다. 이로 인한 수수료 수입도 발생하고 있다. 온라인 쇼핑몰과 공동구매몰까지 연계되어 운영되니 가입 회원사로부터 거둬들이는 중개수수료 수익도 상당하다.

웨이신은 출시 후 지속적인 업데이트 버전을 통해 8.0 for iOS, 8.0 for Android, 3.3 for Mac, 3.5 for Windows까지 최근 버전을 업그레이드해 가면서 사용 기능의 편리성을 지속 높이고 있다.

한편 또우잉(抖音/Dou yin)은 정부의 압력으로 자진 사퇴한 장이밍(张一明/1983년 푸젠성 출신) 회장의 바이트댄스(ByteDance/字节跳动/Zhi jie tiao dong)에서 뉴스 플랫폼인 진르토우티아오(今日头条/Jin ri tou tiao)라는 일일 주요 뉴스 소식 플랫폼을 론칭하였다. 이후 통신망의 발전과 유튜브와 인스타그램의 영향을 받아 15초 짧은 영상을 개인이 만들고 공유할 수 있는 플랫폼을 론칭한 것이다. 2016년 9월 또우잉(抖音) APP 배포 및 운영 서비스를 시작하였다. 뚜안스핑(短视频/Duan shi pin)이라고 지칭하는 짧은 영상은 User가 직접 창작한 컨텐츠(UCC/User Created Contents)로 중국 이동통신의 환경이 4G시대에 이어 5G시대로 변화하는 적절한 시기에 확산되었다. 사용의 답답함이 없도록 음성&영상 압축 기술과 함께 간단한 사용 방식과 중독성 있는 UX 구성으로 젊은 층에 큰 인기를 끌게 되었다. 댄스 영상, 사건사고 영상 및 플랙스(Flex), 챌린지 영상의 원조로 해외판 Tiktok까지 짧은 시간에 확산되었다.

전 세계에서 가장 다운로드를 많이 한 앱(APP)에도 등극하며 실사용자 수만 6억 명에 달하는 괴물 플랫폼으로 단기간 성장하였다. 중국 내

뚜안스핑(短视频) 플랫폼은 콰이쇼우(快手/Kuai shou), 빌리빌리(哔哩哔哩/Bilibili)가 있지만 국내를 넘어 해외판까지 큰 인기를 모은 플랫폼은 없다.

Dou(抖/또우)라는 단어가 '무엇을 폭로하거나 내놓다'라는 뜻처럼 기존 중국 내 미디어에서 없었던 컨텐츠들이었다. 개인의 창작에 의한 UCC 컨텐츠라는 것이 웨이신의 모멘트 정도였다. 당시에는 웨이신도 모멘트에 영상을 올릴 수 있는 기능은 아직 미개발 상태였기에 약간 앞서 출시되었던 유사 경쟁 플랫폼인 콰이쇼우밖에는 경쟁이 되지 않았다. 콰이쇼우는 일찍부터 상업적으로 왕홍, KOL(Key Opinion Leader)을 중심으로 온라인 쇼핑 컨텐츠에만 집중을 하면서 일반 개인 컨텐츠 UCC는 또우잉이 압도하였다.

또우잉을 통해 신조어로 전파된 것이 이전 편에서 소개한 #YYDS 영원한 신(永远的神/Yong yuan de shen)이다. 맛있는 음식과 장소, 훌륭한 물건과 상품, 명장면, 우수한 콘텐츠에 태그로 사용되며 확산되었다.

또우잉을 통한 신조어는 사회적 현상을 반영하여 탄생하는 경우가 대부분이다. 신관빙두(新馆病毒/Xin Guan bing du/코로나19)의 대응 정책으로 중국 정부가 '동타이칭링(动态清零)'을 고수하면서 사람들이 격리가 되고 식료품 구입과 생활의 제약 등 불편사항이 생기자 봉쇄 지역이 발생되면 봉쇄 지역을 촬영한 영상을 올리면서 태그, 음악과 함께 '芭比Q了(Ba bi Q le/바비큐러)'라는 신조어가 확산되기 시작했다. 중독적인 '바비큐러(芭比Q了) 완러(完了) 완러(完了)~'라는 음악이 영상의 배경음악으로 나오면서 확산된 이 신조어는 우리나라의 속어로 '완전히 새 되었네'라는 뜻과 유사하며, '바비큐가 되었네~'라는 뜻으로 방역 봉쇄의 상황으로 안 좋은 상황이 되었네… 라는 상황을 비유한 신조어이다. 이후 방역 봉쇄에만 사용하는 것이 아니고 상황이 안 좋게 처한 모습의 영상에는 해당 용어가 태그로 배경음악과 확대 사용되었고, 젊은 층의 속어로 메신저에 확대 사용되었다.

　또우잉 플랫폼은 워낙 강력한 콘텐츠로 1인당 사용 시간이 40분 이상이나 되는 파괴력을 가지고 있다. User가 확대 유지되고 있으면서도 웨이신과 동일하게 생활 속의 여러 편리한 기능들을 지속 업그레이드하고 있다. 플랫폼 내부에 온라인 쇼핑몰, 라이브커머스 기능은 물론 기업, 브랜드 계정 기능도 추가하고 심동딜리버리(心动外卖/Xin dong wai mai)에 이어 또우잉페이(抖音支付/Dou yin zhi fu)까지 시작하면서 온라인쇼핑과 라이브커머스의 시너지 효과를 높이려 하고 있다. 현재 또우잉 플랫폼에 본인 계정을 만들면 또우잉페이도 은행계좌 연동을 통해 사용할 수 있도록 했고 중국의 11개 은행과 우리나라의 신한은행 중국 지점에서도 또우잉페이를 지원하도록 하여 중국의 지불수단이 더 늘어나게 되었다. 향후 4대 페이로 웨이신페이, 알리페이, 은련페이(Union Pay/云闪付/Yun Shan Fu)와 함께 또우잉페이가 성장할 수도 있을 것 같다.

또우잉플랫폼도 웨이신플랫폼과 쯔푸바오(支付宝/Zhi fu bao)라고 불리는 알리페이 플랫폼처럼 종합 생활 플랫폼으로 도약하게 될 가능성이 충분히 있다.

영상플랫폼에서 표현과 소통의 수단으로 사용하기 위해 젊은 층이 만든 신조어는 많은 플랫폼 사용자 수만큼 사회에 파급력이 쉽게 확대된다. 중독성 있는 신조어의 경우 사회의 현상을 반영하여 확산되고 그 당시의 사회 단면까지 상징적으로 보여 준다.

어떻게 보면 미디어에서 중국 정부의 방역 봉쇄 정책 고수를 자조적으로 빗대어 불만을 표시하는 것일 수도 있다. 봉쇄 정책이 불편을 초래하고 '정말 안 되었네~'라는 약간의 안타까움을 표현하는 것도 있어서 SNS상으로 단속하는 중국 정부에게는 단속의 대상으로 삼기에도 애매한 사회 현상으로 받아들이고 있는 것 같다.

기성세대나 기득권층들의 경험치를 넘어서는, 신세대들은 나름 유연성과 창의적인 방식으로 기성세대와 기득권층을 풍자하곤 한다. 기성세대가 신세대의 성장에 영향을 줄 수밖에 없다. 긍정적 영향과 함께 수용하기 어려운 부정적 측면도….

기성세대는 겪어 본 어려운 상황을 받아들일 수 있지만 신세대의 입장에서는 겪어 보지 못한 불합리나 모순이 느껴질 경우 이런 풍자적 비유를 통해 표출하는 현상이 발생하는 것이다.

사회주의 국가에서 신조어라는 것은 아무 뜻이 없는 과거의 성룡(청룽/成龙/Cheng long)이 한국어 발음과 유사한 '뚜앙(duang)'이라는 감탄과 의외성을 담은, 의성어 같은 뜻이 없는 신조어 이외에는 만들어지고 확산되기 어려운 환경이다. 폐쇄적이고 통제받는 미디어에서는 특히 어려운 것이기에 중국의 00년대생(零零后/Ling ling hou)을 주축으로 조금씩 변화하고 있는 상황의 풍자와 신조어의 표현은 새로운 조류를 만들어 내고 있다.

중국 사회주의의 국가 권력은 점차 70년대생에게로 이양되어 가고 있고 사회적 현상의 주력 세대는 90년대생과 00년대생에서 창조되고 있다.

사상적 이념을 넘은 세계화 이후에 자원 자국주의와 지역화가 확대될 세상에서 이들이 어떤 역할을 하게 되고 우리나라와는 어떤 관계를 맺게 될지 이들의 성장 환경과 문화, 의식을 이해해야 한다.

시대는 시간이 흐르듯 다른 시대로 변화해 간다.
쇠퇴냐 진보냐의 차이이지
멈추어 있는 정체된 시간과 시대는 없다.
선택 또한 그 결과가 후퇴
또는 전진의 결과를 가져온다.
아무것도 아닌 선택의 결과란 없으니
새로운 방식으로 주어진 현상과 선택지의 이해를
통해 진보와 전진이 되는 선택을 할 수 있도록
변화에 주목하고 현상을 이해하려 노력해야 한다.

중국은 변화하고 있다. 과거 암흑기에서 G2의 반열에 올랐듯이 우리가 인지하지 못하는 순간에도 중국은 변화하고 있다.

그 변화가 지금은 후퇴나 위축으로 보여도 방향성을 잃지 않았다면 잠시 쉬었다가 재도약을 할 수도 있는 상황이다.
중국이 더 멀리, 더 높게 도약 시에는 우리나라가 따라잡지 못할 수도 있다.

그래서 현재의 가장 가까운 이웃 나라이자 역사적 경계와 경쟁 관계에 있는 중국에 대해서는 명확하게 이해하려고 노력해야 한다.

다시는 불평등한 관계에 놓여서는 안 된다.
우리가 주축이 되어 관계를 주도적으로 이끌고 가야 한다.

SITUATION 22
중국의 미래 식량 자원 확보
중량그룹(中粮集团)

　러시아의 우크라이나 침공과 함께 그렇지 않아도 문제시되던 식량 자원인 농산물의 공급 안정과 급등하는 가격 문제가 전 세계적으로 화두가 되었다.

　미국과 남미, 인도 등 세계 각지에서 기후 영향으로 밀과 커피, 사탕수수 작황이 좋지 않아 전 세계적으로 공급과 가격이 인플레이션의 요인으로 작용하였다. 추가로 러시아와 우크라이나의 전쟁 장기화로 석유와 비료, 밀, 옥수수, 대두 공급과 가격의 불안 요인이 현실화되었다. 그런 상황에서 중국 정부의 주요 도시 봉쇄 정책 '동타이칭링'은 중국산 농산물과 비료 공급 및 수출에 큰 타격을 입혔다.

　석유는 식품업체의 공장을 돌리는 생산자물가지수(PPI)에 에너지 부분 원가로 결국에는 소비자물가지수(CPI) 상승으로 전이되게 되어 있다. 또한 농산물과 식품을 나르는 물류차량의 유류비용에 반영이 되니 물류비용 상승은 곧 소비자에게 공급하는 가격의 상승으로 전가될 수밖에 없다.

비료는 전쟁 중인 러시아와 벨라루스가 전 세계 생산량의 30%를 차지하고 노르웨이, 중국이 생산하는 비료의 요소인 칼륨은 생산 축소와 수출 중단으로 내년 이후 농산물 농사에 공급 부족과 비용 증가로 농산물 가격 상승의 잠재 원인이 되게 되었다.

밀과 옥수수, 대두는 식량과 가축의 사료에 직접 영향을 미치는 것으로 바로 가격 반영이 되니 주식이 되는 빵과 돼지고기 가격 상승에 역시 직접 영향을 미치게 되었다. 옥수수는 대두와 함께 식용류의 원료로 사용된다. 옥수수와 대두의 수급 불안정과 가격 상승으로 나비효과처럼 식용류와 유지류 기본 원료인 팜유(Palm oil)의 거대 생산국 인도네시아가 자국 내 우선 공급을 목적으로 수출을 중단하였었다. 식품가공업체에서 주로 사용하는 팜유는 튀김유로 사용되고 스낵류와 유지를 많이 사용하는 제과업체 원가 상승의 원인이 된다.

이제는 세계의 어느 한 지역에서 발생하는 농산물, 식량 자원과 연관된 원재료의 생산과 공급 불안정은 곧 전 세계 식탁의 물가로 직결되고 부족 시에는 먹고 사는 생존의 문제까지 이어지기에 미래의 식량 자원 확보 문제는 범국가적으로 해결해야 할 인류의 당면 과제가 되었다. 기후 변화와 인종, 국가 간의 분쟁으로 미래 식량 자원이 점차 고갈되어 가는 것을 방지해야 한다.

중국은 일찍부터 먹고사는 문제에 대해 큰 고민을 안고 있었다.

삼국지에서도 보면 황건적의 난과 함께 메뚜기 떼의 피해로 수많은 사람들이 굶어 죽고 계속되는 환난과 전쟁으로 중국 역사상 최소의 인구인 1억 명에도 못 미치는 중국 전체 인구가 5천만 명 정도의 인구 절벽 끝에 있었던 시기가 있었다. 역사적으로 먹고사는 문제가 어려워지면 농민들의 반란을 통해 국가가 전복되는 역사가 반복이 되었다. 명나라도 이자성이 이끄는 농민 반란군에 의해 멸망한 것처럼 말이다.

먹고사는 문제에 대한 역사의 반복을 중국 정부도 알고 있다.

1949년 중화인민공화국의 건국과 함께 진행된 사업은 인민을 먹여 살리는 문제였다.

오랜 항일전쟁과 국공내전 이후 탄생한 국가이기에 먹고 사는 문제는 국가 초기 존립과 관련된 사항이라서 해결할 방안이 필요했다.

이런 배경으로 1949년 탄생한 세계 최대 식량 자원 확보 국영기업이 지금의 중량그룹(中粮集团/zhong liang ji tuan) 코프코(COFCO)이다.

처음은 식량 확보와 공급을 위한 수입 무역업에 집중되어 있다가 점차 규모가 커지고 중국 농산물과 식품가공 시장이 커지자 농축산업, 금융, 부동산, 쇼핑몰, 종자산업, 곡물 거래업까지 중국의 식량안보를 책임지는 거대 국영기업으로 성장했다.

중국은 전 세계 농업 가능한 면적의 7%를 차지하고 있다. 하지만 식량을 자급자족하기에는 세계 80억 인구의 18%인 14억 인구가 중국에서 살고 있기에 턱없이 부족한 상황이다. 공급에 대한 문제도 있지만 리커창 총리가 얘기한 대로 월평균 소득이 1,700위안(한화 31만 원)이 안되는 인구가 6억 명에 이르니 식량의 가격도 중요한 문제이다.

중국 식량의 안정적인 공급, 미래 식량 자원 확보와 자급자족을 위한 종자 개량까지가 중량그룹의 역할이다.

2013년 시진핑 주석의 취임과 함께 중국 대국굴기 정책으로 발표된 '일대일로(一帶一路)' 정책의 주요 핵심 사항 중 하나가 동남, 서아시아, 중동, 유럽과 아프리카까지 육로와 바닷길을 연결하는 것이다. 이로 인해 얻고자 하는 것 중 가장 중요한 것은 식량 자원이다. 중국의 일대일로 정책은 미국과의 무역 경쟁으로 내수 성장만으로 한계가 있어 국내 생산된 공산품과 주요 수출품의 판로를 넓히는 계획에만 있지 않다. 핵심 사항 중의 하나가 농산물, 식량 자원의 생산처를 이들 국가로 확대하고 싼 가격의 식량 자원을 중국으로 안정적으로 공급하는 데에 있다. 실크로드라는 것이 중국에서 유럽으로만 가는 것이 아니라 쌍방으로 오고 가는 것이었음을 알고 있다면 이해하기 쉬울 것이다.

중국은 중량그룹(COFCO)을 대표 기업으로 세계 여러 곳에 농산물 공급을 받을 수 있는 곡물터미널을 확보하고 있다.

'러시아의 극동 지역인 자바이칼 지방에 철도 수송이 가능한 곡물터미널을 건설 착수했다'라는 뉴스 보도가 중국 내에서 보도된 적이 있다. 곡물터미널이라는 것이 싸일로(Silo/큰 원기둥 탑 형태의 곡물 보관시설)와 곡물을 안전하고 위생적으로 옮겨 담아야 하는 운송설비를 갖추어야 하고 철도나 항만에 부지를 얻어 설치가 되야 한다.

세계 농산물 생산 대국인 브라질의 가장 큰 항구인 산토스 항의 곡물터미널을 중량그룹이 확보하여 소유하고 있다.

우크라이나는 밀, 옥수수, 대두의 세계 3~5위 수출국으로 흑해 연안에 있는 미콜라이프 수출항구에 역시 중량그룹에서 확보한 곡물터미널이 있다.

곡물터미널은 전 세계 곡물시장에서 국제 곡물 가격이 낮은 때 곡물을 비축 보관하였다가 가격이 오르면 파는 등 탄력적인 가격 변동성에 유연하게 대처하며 식량안보를 확보하고 유사시에는 식량 자원을 무기화로도 할 수 있는 것이다. 또한 중국으로 우선 안정적인 수입을 하는 교두보 역할을 하는 것이다.

사회간접기반시설인 곡물터미널을 확보한 것으로 그치지 않고 농산물 거래와 관련된 해외기업을 투자와 인수합병 형태로 중국의 소유로 만들고 있다.

중량그룹은 2014~2016년 국내로는 방직물과 곡물 거래를 하는 다른 국영기업인 중방그룹(中国纺织/Chinatex)을 합병하고 네덜란드의 곡물 거래업을 하는 Nidera와 아시아 최대 곡물 거래 기업인 Noble을 인수합병하였다. 세계 곡물 거래의 80%를 차지하고 있는 곡물 메이저 기업인 ABCD(미국 ADM, 브라질 BUNGE, 미국 Cargil, 프랑스 Dreyfus)의 아성에 도전을 하고 있다. 점차 곡물시장에서 공급과 가격에 대한 영향력을 확대하고 있다.

게다가 중국 정부가 직접 나서 중국화공그룹 명의로 스위스에 본부를 둔 세계 3대 종자 및 농업전문기업인 신젠타(Syngenta Group)를 460억 달러(한화 50조 원)에 인수하여 상업적인 종자 시장과 농작물 보호 기술, 농약 중심의 화학약품 분야의 기술까지 확보하게 되었다.

중량그룹은 중국 정부와 함께 세계 주요 지역 농산물 생산 및 구매, 운송에 적극 개입하여 글로벌 농산물 시장의 주도권을 쥐고 있다.

중국은 내부적으로 자급자족 형태의 식량 공급이 내수 수요를 충족하지 못하는 상황에서 중량그룹을 통해 국내 생산 증대뿐만 아니라 해외 식량 구매나 소유권 확보 등 다양한 방식으로 해외 식량원을 통제해 가며 수요를 맞추는 전략을 실행하고 있는 것이다.

이것만이 아니다. 일대일로의 끝선에는 아프리카 대륙이 있다.

아프리카 농업분야에 자본과 기술 지원을 하고 중국인 농업전문가까지 파견하여 아프리카 대륙의 무한한 식량 자원을 미리 선점하려 하고 있다.

동남아시아와 아프리카 농촌마을에 중국의 농업기술을 제공하는 목적으로 지원하고 나서 향후 식량 자원을 싼 가격에 안정적으로 수입 확보하려는 전략인 것이다.

미래를 생각하면 상당히 섬뜩한 중국의 계획이고 이것이 실행이 되고 있다는 것이 더 놀랍기만 하다.

2021년 5월 중국 뉴스 매체에서 '중국 벼 종자 개발의 선구자'라는 위안룽핑(袁隆平/Yuan long ping) 중국공정원 원사의 죽음을 추모하는 인파를 보도하는 뉴스를 보았다. 중국 건국 70주년에 최고 명예의 훈장인 '공화국 훈장'까지 수상을 했다고 하는 내용과 함께 '중국인의 밥상을 보장하고 세계 식량안보를 위해 쉬지 않고 노력했다'라고 설명을 하였고 '선생의 죽음이 중국 농업, 농촌, 농민의 삼농 영역에서의 커다란 손실'이라고 애도를 표하였다. 벼 종자 개량을 통해 단위 면적당의 쌀 생산량을 크게 늘리고 품질면에서도 많은 개량을 통해 큰 성과를 이룩했다는 업적이 설명되었다. 실제 이후 천진시에서 바닷물의 염분과 알카리성에서도 재배가 가능한 벼 종자 개발 시험에 성공했다는 뉴스도 나오면서 이 또한 위안룽핑 원사가 연구하던 종자라는 보도도 들었다.

중국 정부는 중량그룹과 위안룽핑 원사 등 국영기업체와 연구 인력을 통해 국내외적으로 미래 식량 확보에 많은 투자와 연구를 하고 있다.

중량그룹의 확장은 곧 중국의 확장과 같다. 중량그룹이 운영 중인 분야는 단순 식량확보에만 그치지 않고 있다.

식량 무역을 비롯한 식용류, 섬유 방직, 유업, 건강식품, 주류, 차음료, 포장, 설탕가공, 생명바이오산업, 엔지니어링기술, 금융, 축산업, 육가공, 제분업, 종자, 따위청이라는 대형 쇼핑몰, 중국 내 코카콜라 보틀링까지 다방면에서 중량그룹의 인민의 식생활과 생활 방식에서 국영기업으로서의 역할을 하고 있다.

중량그룹(COFCO)		
중량국제(中粮国际) COFCO International	중량유지(中粮油脂) COFCO Oils & Oilseeds	중량생물과학(中粮生物科技) COFCO Biotechnology
중량무역(中粮贸易) COFCO Trading	중량양곡(中粮粮谷) COFCO Grains & Cereals	중량공과(中粮工科) COFCO Engineering & Technology
중국방직(中国纺织) Chinatex	중량당예(中粮糖业) COFCO Sugar	몽우유업(蒙牛乳业) Mengniu Dairy
중량가정건강(中粮家佳康) COFCO Joycome	중량주업(中粮酒业) COFCO Wines & Spirits	중량자본(中粮资本) COFCO Capital
워마이망(我买网) Womai.com	중량코카콜라(中粮可口可乐) COFCO Coca-Cola	따위에청공전(大悦城控股) Grand Joy city
중량포장(中粮包装) CPMC Holdings	중량차음료(中粮茶叶) COFCO	중량건강연구소(中粮健康研究所) COFCO NHRI

[중량그룹(COFCO) 계열사 현황]

중량그룹의 2021년 연간매출액은 6,600억 위안(한화 약 122조 원)에 영업이익액이 230억 위안(한화 약 4조 2천억 원)으로 3년 연속 두 자리의 외형매출과 이익의 성장률을 보였다. 세계 500강 기업에서 122위까지 올랐고 중국 내에서는 농업상품가공업 100강 기업에서 종합 1위의 그룹으로 중국의 미래 식량을 책임지는 기업으로서의 위상은 상당히 높다.

중국의 일대일로 정책과 중량그룹의 역할이 계속 중요시되고 세계적인 영향력도 나날이 커지고 있다.

세계 각국이 식량 자원을 무기화하고 자국 중심의 정책을 펼치는 상황이 지속될 경우 곡물수입국 7위이며 OECD 38개국 중에서 곡물 자급률이 절반 수준도 안되는, 45%로 최저 수준인, 우리나라의 식량안보는 큰 위기를 맞을 수 있다.

단순히 단기적인 애그플레이션(Agflation) 현상이 아니다. 식량 부족 국가에서 정부의 노력이 아닌 개별 기업의 지원만으로 해결할 수 있는 현상도 아니다. 농지 개간과 확대를 할 수도 없고 로열티를 지불하면서 개량 종자를 수입하고 단위 생산면적을 더욱 늘릴 수 있는 상황도 아니다. 필요한 여러 곡물을 모두 자급자족할 수 있는 방법은 없다.

우크라이나 사태, 중국 봉쇄, 러시아와 인도네시아의 수출 제한 등 식량안보를 둘러싼 세계의 경쟁은 이미 시작을 한 상태이다.

중국 정부와 국영기업의 주도적인 확장을 견제하고 우리나라의 식량안보를 지키기 위해서 민간기업에 투자와 지원 확대 방안의 적극적인 실행 외에도 미래를 위한 정부의 적극적 개입이 필요할 것이다.

세계적인 현상은 점차 군사적, 경제적 힘이 지배하는 각자도생, 지역화 시대로 진입하고 있다. 중국은 그런 현상을 잘 파악하고 차분히 준비

하고 힘을 키워 나가고 있다. 그런 중국의 바로 옆에 있는 우리나라로서는 언제 중국발 리스크가 실현될지도 모르는 상태이다.

우리나라의 젊은 세대와 기성세대들이 이런 현상을 각인하고 일부 중국을 연구하고 대비를 하려는 선각자들에게 힘을 실어 주고 대응을 할 수 있는 우리만의 힘, 자강(自强)을 이루어 내야 한다.

맺음말

　속도냐 방향이냐 무엇이 중요한가를 얘기하면 방향이 중요하다고들 한다.
　동타이칭링(动态清零)을 고수했던 중국 정부도 방향을 중요시 여기는 것 같다.
　1958년~1976년 대약진운동과 문화대혁명 암흑기는 급격한 산업화 정책과 사회주의의 혁명적 사상성을 고집했던 마오쩌둥 정권의 큰 실책이었다.
　중국에서는 문화대혁명에 대한 언급을 꺼려 한다. 많은 문화재, 인재와 서적의 소실은 물론 장기적인 중국 경제의 침체와 국제사회에서의 고립이 지속되었다.
　1978년 집권한 덩샤오핑에 의해 수정주의, 개혁개방 실용주의, 경제개혁 시행을 통해 점차 세계에 문을 열기 시작했다.
　사회주의 국가의 근간인 생산과 분배의 문제에 있어서, 우선 부자가 되고 나서 공동부유를 추진하자는 선부론(先富论)은 현실적인 정책으로 인민의 지지를 받았다.

마오쩌둥의 공부론(共富论)은 아무것도 없이 모두 먹고살기 힘든 상황에서 이상적이고 실현 가능성이 낮은 의욕만 앞선 급격한 정책이었다.

과거 이상향적인 국가로의 완성을 위한 속도전에 욕심을 내다가 건국 후 이렇다 할 발전을 하지 못하고 고립적인 국가로 존재했었던 것이다.

마오쩌둥의 사후 50년이 다가오는 지금, 다시 중국은 오랜 꿈을 실현하기 위한 '중국몽(中国梦)' 완성의 고갯길에서 스스로에게 발목을 붙잡히고 있다.

이제는 속도를 포기한 대신 지나친 정치적, 이념적 방향성에만 고집하고 있다.

2020년 1월 우한시부터 시작된 신관빙두(新馆病毒)를 통제하는 정부 정책은 제로코로나, 칭링(清零)이라는 봉쇄 정책이었다. 많은 부작용과 경제적 침체, 시민의 불편함을 담보로 한 봉쇄 정책은 신관빙두기간 14억 인구를 통제하는 정책으로 장기간 활용되고 있었다.

2020~2021년 방역 억제 성과와 지역별 소비권, 야시장 활성화 등 소비 촉진을 통한 경제회복 정책은 대다수 인민의 지지를 받고 미국과의 무역전쟁 속에서도 세계에서 유일하게 2개년 연속 경제성장을 이루었다.

하지만 전 세계의 선택이 엔데믹(Endemic/풍토병화)으로 전환하려는 상태에서도 완강한 '동타이칭링(动态清零)'을 고집하고 변화를 주려고 하지 않고 있었다.

중국 14억 인구의 10%가 감염되어 그중 1%의 중환자와 사망자만 나오더라도 그 상황을 감당할 수 없는 국력과 비례하지 않는 낙후한 의료시설이 근본 원인이다. 또 한편으론 인민을 통제하기 위한 효과적인 정책적 대안을 마련하기에는 너무 많은 14억 인구의 대국이다. 5천만 명 인구의 국가의 정책과는 또 다른 변수들이 너무 많다. 가장 큰 문제점은 사회주의 이념의 국가를 유지하는 정권유지의 구조이다. 1억 명에 달하는 공산당원 중 24명의 극소수 엘리트 집단인 상무위원에 의해 정확하게는 그중에서도 주석을 포함한 7인의 최고상무위원에 의해 운영되는 구조를 변경하기 어렵다. 7인 최고상무위원의 구성은 오랜 기간 파벌로 나뉘어 권력다툼을 하던 태자당, 상하이방, 공청단의 세력 다툼에서 균형을 깨고 태자당의 시진핑 주석이 집권한 상태이다. 현재의 시진핑 주석은 국가행정의 수장, 군사의 최고지휘자, 공산당의 최고당서기 등 세 가지의 중요한 권력을 모두 장악한 최고 권력자이다. 마오쩌둥, 덩샤오핑 이후로 누구도 세 가지의 권력이 집중된 적이 없다.

태자당은 중국 공산당 원로들의 자녀들로 마오쩌둥의 강한 사회주의 사상적 이념을 신애국주의로 강화시키고 있는 단계이기에 중국 특색의 사회주의의 유지를 위해서는 정권을 이양하기는 어려운 형국이다.

중국몽은 시진핑 주석의 취임부터의 궁극적 목표로 중국 특색의 사회주의와 인민을 이끌고 있는 정치적 핵심가치이다. 어디를 가도 중국몽을 사회적 핵심가치로 세뇌하듯이 교육, 계몽하고 있다. 시진핑 주석의 정치적 신념을 모든 인민이 10년간 학습을 받아 왔고 이런 상황이 바뀌기에는 또 다른 10년 이상의 시간이 필요한 상황이다.

그나마 견제 세력이던 공청단 출신의 리커창 총리도 10년 마지막 임기를 채운 후 물러나게 된 상태이고 시진핑의 후계자 집단도 역시 시주석의 신임을 받고 있는 상하이, 베이징, 광저우 등에서 같이 일했던 가신들로 채워졌다. 점차 최고상무위원들이 교체될 것이고 새로운 70년대생의 정치인에서 새롭게 상무위원들이 꾸려지고 기존 정치 세력을 뒷받침 또는 견제하게 될 것이다.

국가 간 이동이 자유롭던 신관빙두 이전의 시대에서는 중국을 다른 나라와 동일한 시장경제 환경으로 착각을 할 수 있다. 하지만 중국은 사회주의 국가이다. 완전한 시장경제 체제의 민주사회와는 다르다.

지속적인 속도의 경제적 번영이 시장경제사회의 발전을 의미한다면 사회주의 국가에서는 사상적 이념의 유지와 강화라는 방향성이 우선이다.

그 방향성으로의 고집이 현재는 중국 경제와 인민의 삶을 힘들게 후퇴시키고 있다. 일부를 희생해서라도 지켜야 하는 것이 사회인지 사상과 이념인지 중국의 꿈을 위한 목표인지… 그 어느 것이라도 일부의 희생을 담보로 얻어야 하는 것은 아니다.

국제질서에서의 고립 자초는 곧 후퇴이고 실패하게 되는 길이다.

중국 정부는 시간에 대해 급하게 생각을 하지 않는다. 2~3년의 후퇴가 있어도 어차피 그 목표한 방향성으로 가고 있다고 생각하기 때문이다.

시장경제사회에서는 생각할 수 없는 일이지만 중국 특색의 사회주의 국가에서는 이런 후퇴조차도 실패가 아닌 큰 목표를 위한 잠깐의 희생이라고 생각을 하는 것 같다.

2049년의 따통사회(大同), 사회주의 초일류 강대국으로의 패권을 꿈꾸는 중국에게 잠시 멈춤과 후퇴는 있어도 그 방향으로 계속 나아갈 거라는 나름의 신념이 있기에 지속적으로 한 방향으로 나아가려 할 것이다. 그것이 힘들고 천천히 가는 길이라도….

권토중래(捲土重来/Juan tu zhong lai)라는 고사성어가 있다.

한중의 천하 패권을 다투던 초나라 항우가 우장(乌江/Wu jiang)에서 강을 건너 후일을 도모하지 않고 스스로 자결한 것을 후일 당나라 말기의 시인인 '두무(杜牧/Du mu)'가 '승패란 병가에서 기약할 수 없는 일이니, 부끄러움을 알고 참을 줄 아는 것이 사나이라네…. 강동(江东)의 젊은이 중에는 인재가 많으니, 흙먼지를 일으키고 다시 도모했으면 어찌 되었을까….(胜败兵家事不期 包差忍耻是男兒 江东子弟多才后 捲土重來未可知)'라고 시를 읊은 구절에서 나온 말이다.

결국 어떤 일에 실패를 하였더라도 힘을 축적하여 다시 그 일에 착수하는 것을 비유한다.

중국은 현재 이러한 권토중래와 같은 비유의 상태를 염두해 두고 있다고 봐야 한다. 실패 여부는 아직 모르는 상태지만 국가의 힘과 문화적 저력이 있고 세계적인 영향력도 있는, 명확한 목표가 있는 사회주의 국가이다.

우리가 이 국가에 대해 잘 모르고, 우습게 봐도, 과대평가를 해도 안 된다. 상대의 강약점을 잘 파악하고 거기에 맞는 시나리오를 준비하고 우리 스스로가 맞붙을 수 있는 스스로가 강해지는 자강(自强)을 하는 것이 우리가 해야 할 일이다.

《Inspired by China life》에서도 언급을 하였지만 사회주의 국가에서의 마케팅은 그 사회의 역사와 문화를 기초로 기획과 정책이 반영되지 않으면 허울만 좋은 고비용의 전시마케팅, 쇼잉(Showing)에 불과하다. 중국 고객에게 브랜드 이미지를 지속적으로 좋게 심는다는 것은 시장경제에서의 자본주의적 논리와 경제력만으로는, 머니게임(Money Game)만으로는 부족하다.

중국은 너무나 큰 시장이자 너무 많은 브랜드들이 생기고 또 사라지고 있는 브랜드 라이프 사이클이 짧은 위험부담이 큰 시장이다. 너무 빠른 변화에 맞출 수도 없다.

결국 사회에 브랜드가 스며들어 가야 한다.

1990년 중국에 진출한 컨더지(肯德基) 케이에프씨(KFC)나 마이땅라오(麦当劳) 맥도널드(Macdonald's)는 20대 중국 직장인들에게 물어보면 어릴 적 부모님과 함께 먹던 추억이 있는 레트로(Retro) 감성을 느낄 수 있는 추억의 브랜드라고 답을 한다. 미국의 것이 중국 개혁 개방 초기에 정착해서 중국화된 대표적인 브랜드이다. 어디를 가도 컨더지와 마이땅라오는 운영되고 고객들이 찾는다. 물론 힘든 시기도 있었지만 그 사회 속에서 견뎌 내고 나름의 변화를 주면서 지속되는 생존력을 보였다.

마케팅의 근본은 그 사회에서 시장에 사는 사람과 파는 사람들의 사이에서의 지속적인 관계를 맺도록 소통하는 일이다. 사회주의 국가에서라면 소통 방식은 사회주의의 방식과 그 뜻이 담긴 문화적 언어로 소통을 해야 한다.

Market + ing = Live, Life + ing라는 공식에 지역 사회의 문화적 언어로 소통해야 하는 것 같다.

그래서 기존의 Marketing이라는 용어를 대체하여 시장경제사회나 사회주의 사회에서도 공통적으로 사용 가능한 용어라면 기업의 'Social Communicating' 또는 'Cultural Communicating'처럼 '현지의 고객과의 소통'에 방점을 두어 용어를 만드는 것이 어떨까 싶다.

이런 뜻을 함축하는 단어가 어떤 것이 좋을지 좀 더 고민해야 할 문제이다.

아직도 진행형이기에… 사회주의 국가에서 시장경제사회를 배경으로 성장한 마케터가 막연한 호기심에 떠올리는 미숙한 생각일 뿐이다.

　사회주의 사회의 마케터…. 참 호기심 생기는 문구이다. 쉽지도 않지만 도전을 못할 것은 없다.

　100년 전에 시작된 공산주의, 사회주의가 언제까지 지속될지는 모르겠다. 사상, 이념이라는 것이 영속적이지 않고 계속 수정과 변화를 하는 것이니, 사회주의 체제가 무너진다면 마지막 사회주의 국가의 마케터가 될 수도 있을 터… 사회주의 국가에서 마케터로서 10년을 살아 봤다는 경험은 누구나 할 수 있는 경험은 아닌 것 같다.

　이 책을 쓰고 있는 시점에도 어디선가는 전쟁으로 많은 피해를 입고, 어디선가는 자유를 찾는 투쟁을 하고, 어디선가는 부를 축적하려는 쩐의 전쟁을 하고, 어디선가는 봉쇄된 지역에서 해방될 날만을 생각하고 있는 각자 여러 상황에 처한 사람들이 있을 것이다.

　불확실성과 다양성이 공존하는 세계에서 살고 있다. 그 틈바구니에서 기업 활동을 하고 마케팅 활동을 하고 있다.

　단기적인 매출과 손익을 위한 마케팅이 아닌 어디에서든지 지속적인 생존력으로 고객에게 사랑받고자 하는 궁극적 목적의 브랜드 마케팅에 8할의 힘을 쏟아야 하지 않을까 싶다. 설령 사업의 리스크가 큰 사회주의에서 하루아침에 철수를 해야 하는 상황이 오더라도 그래야 한다.

사람이 살고 있는 어디든 그들만의 문화와 사회를 구성하며 산다. 기업 입장에서는 그 사람이 곧 고객이라면 고객의 성향과 생활 방식을 알아야 할 것이고, 고객의 성장과 생활의 배경인 그 지역의 문화와 사회를 이해하는 노력이 먼저 되어야한다. 이해하려는 것 자체가 고객과 친숙해지려는 노력이다. 지역내에서 고객과 브랜드와의 친숙함은 고객과의 소통 접점 기회를 더욱 늘리고 기업과 브랜드 활동의 진실성을 느끼게 할 수 있기 때문이다.

이런 노력이 지속되면 결국 기업과 브랜드는 지역에 정착을 할 수 있고 비로소 고객들에게 지속적인 생존력을 부여받게 된다.

이런 기업의 노력은 주재원과 직원들 구성원의 문화적 이해력의 노력에서 시작이 된다.

표준을 중요시 여기는 외자 프랜차이즈 기업이라도 원칙과 규정에 의해서만 현지 고객을 낯설은 프랜차이즈 방식에 익숙해지도록 만드는 것은 어려운 일이다. 초기에는 고객의 순수한 호기심과 입소문으로 매장으로의 입점과 물품의 구매가 이루어지면서 사업이 성공적으로 안착되는가 싶겠지만… 이해의 노력이 없는 상황이 지속된다면 고객과의 소통 단절로 인해 친숙함보다는 이질감을 느끼게 되어 결국 지속적인 생존력을 부여받을 수 없게 된다.

고객에게 선택과 사랑을 받게 되면 생존력은 더 빛이 난다.

선택을 받으려는 노력의 시작이 문화적인 이해력이다. 외자기업이 아니라도 모든 기업이라면 가져야 하는 공통된 기본 바탕이다.

  다양성을 이해하려는 CQ(Cultural Understanding Quotient)를 키우는 노력만이 지역화로 갈라지고 있는 세계를 다시 공존 번영을 목표로 하는 신 세계화 시대로 탈바꿈되게 할 수 있을 것이다.

END